曹愉生著

文史哲學集成

唐代詩論與畫論之關係研究

——僅以詩、畫論之專著爲研究對象

文史哲出版社印行

國家圖書館出版品預行編目資料

唐代詩論與畫論之關係研究:僅以詩、畫論之專著為研究對象 / 曹愉生著. -- 初版. -- 臺北市 : 文史哲, 民 86
面 : 公分. -- (文史哲學集成 ; 297)
ISBN 957-547-814-2(平裝)

1.中國詩 - 唐(618-907) - 評論 2.中國畫

821.84

文史哲學集成 297

唐代詩論與畫論之關係研究

著 者:曹 愉 生
出版者:文 史 哲 出 版 社
登記證字號:行政院新聞局版臺業字五三三七號
發行人:彭 正 雄
發行所:文 史 哲 出 版 社
印刷者:文 史 哲 出 版 社
臺北市羅斯福路一段七十二巷四號
郵政劃撥帳號:一六一八〇一七五
電話 886-2-23511028・傳眞 886-2-23965656

實價新臺幣三二〇元

中華民國八十六年十月初版

ISBN 957-547-814-2

唐代詩論與畫論之關係研究 目次

——僅以詩、畫論之專著為研究對象

前言

我在二十歲的時候，曾跟隨張俊傑先生習國畫，後又從林賢靜、趙松泉、范伯洪等老師學習，前後綿延的時間，大約有三、四年之久。因正值求學階段，再加上鑽研書法的關係，實在沒有多餘的時間繼續練習國畫，經一番斟酌之後，只好忍痛放棄。歲月不居，時光如流，這已是二十年前的事了。後來僥倖執教上庠，又擔任了書法教授的課程，多年來日與翰墨為伍，覺得中國的藝術甚至包括了文學等，表面上雖表達方式有異，其實在實質上卻有共同的精神及技巧，復因自己習練書法二十餘年，國內書畫界頗為熟稔，經常有人持畫來囑命我題〈題畫詩〉或代為落款（註一），益覺書畫的緊密關係，於是工作之餘，乃著手收集文學與繪畫的相互關係資料，而唐代在我國歷史上是一個很特殊的朝代，除卻文治武功極盛以外，詩與畫在這個朝代中不惟具承先啓後之作用，且有發揚光大的輝煌成就，尤其詩論與書論，其具體理論的建立，即始於此時，其時張彥遠的《歷代名畫記》，在清以前的畫論，均難與之抗衡，以此偉大成就，自然有鑽研的價值。

本文共分為六章，第一章敘詩與畫的關係，內又分五小節，將詩與畫的關係作一詳細歸納，如前人及近代的學者，談及題畫詩時，均是將題畫詩、論畫詩，甚而畫贊、畫記籠統混之，並未作詳細釐析，明明是論畫詩，卻說是題畫詩，實質上是畫贊，卻道其爲畫記，予人以魚魯莫辨之譏，筆者不嫌愚鈍，乃就《全唐詩》近五萬首及《全唐文》、《唐文粹》諸集部典籍中，一條條詳閱歸納，分類排比，意欲供日後他人索研之方便。第二章標目爲〈唐代的詩與畫〉，內分四小節，其目的在述說唐代詩畫的狀況，並將所有的詩論畫論作一簡略介紹，尤其皎然《詩式》、司空圖《詩品》、張彥遠《歷代名畫記》，乃是本論文研討之骨幹，故將其版本、內容等，稍加說明，爲後數章之立論而奠基。第三章爲〈唐代的詩人兼畫家〉，內容則分爲三小節，僅就唐代有典籍明言其爲「詩畫家」的二十人研討，談其才藝及交遊情形，以爲詩畫的緊密關係展開有力的佐証。第四章題目爲〈詩畫合論之探討〉，內分四節，將詩畫合論的正反意見，平心而冷靜的剖析，以確立二者合論基礎的奠定。第五章〈唐代詩論與畫論的理論共通性探研〉共分爲十小節，將作詩與繪畫的心態、技巧、涵養、學識等的相通性，就《詩式》、《詩品》、《畫記》等所共同提到的理論，一一對比闡述，旁徵博引，錙銖必探，其目的在尋出作詩、繪畫的共同法門，便於從事者的創作與欣賞。第六章亦分爲四小節，則陳述〈唐代詩論與畫論對後世之影響〉，其作用乃是作爲本論文的總結，道出唐代詩論、畫論對後世的鉅大影響，如文人畫及神韻派詩論的產生等，而將本論文作一常山之蛇般的呼應，以免言猶未盡，尙有些許遺憾。

讀書之難在於融會，治學之難在於創見，筆者在撰作此文的過程中，深感讀書治學之匪易，幸賴高師仲華與呂師凱二位先生多所指導、關懷，雖資質魯鈍，日積月累，終見積砂成塔之日，銘感之情，永生難忘，稿成之後，復蒙文史哲出版社負責人彭正雄先生熱心出版，更是感謝至深，惟文學藝術理論，體大精深，駑馬鈆刀之才，何能盡善盡美？尚祈博雅君子，不吝賜正，則為萬幸。

【附註】

註一　曾因雍雅山房主人朱濟先生之介，民國七十二年始為丁衍庸，吳作人等畫作題詩，早期未留原稿，均皆散佚，近年方留原稿，茲選錄如下：

民國七十七年題丁衍庸昆蟲圖：「餐風飲露，高潔自持，熙攘俗世，莫擾幽姿。」

民國七十八年題吳作人雙魚詩：「小小魚兒水裡游，既無煩來也無憂，上下翕忽眞自在，怡然不動裝癡呆，堪笑濠上無聊客，自認雄辯天下才，苦中有樂樂中苦，何勞脣舌費疑猜。」

民國七十八年題丁衍庸蒼鷹棲孤石圖：「懵朧偷憩一蒼鷹，大地紛擾不關心，翎落爪裂青雲附，孤石為伴了此生，風光曾從腳下起，昭陽也曾並肩行，繁華貴顯總一夢，未若睡中情最眞。」

民國七十八年題丁衍庸一枝芙容圖：「芙容花開占晚春，一枝紅艷自沉吟，繁華落盡香塵遠，微風有情伴君馨，五陵公子競白馬，寧買寶劍不見君，老死草叢委污泥，勝為薄倖說同情。」

民國七十八年題丁衍庸一隻烏鴉棲石圖：「亂鴉翻影棲孤石，只見荒林槎枒枝，終日覓食尚難飽，窠中還有待哺慈，羽冠寢陋聲啞啞，徒有孝名為人知，絕似綿山山下路，營魂化作沖天鷗。」

第一章　詩與畫的關係

詩與畫的關係，在中國最早提及者，爲北宋時的宮庭畫家郭熙，他在〈林泉高致〉（註一）中說：「更如前人言，詩是無形畫，畫是有形詩，哲人多談此言，吾人所師。……」後來蘇東坡跋〈書摩詰藍田煙雨圖〉云：「味摩詰之詩，詩中有畫，見摩詰之畫，畫中有詩。」（註二）於是詩畫合一和比對的說法，代不乏人，形成了美學上經常討論的問題。我們就《詩序》中之語：「詩者，志之所之也，在心爲志，發言爲詩，情動於中而形於言，言之不足，故嗟嘆之；嗟嘆之不足，故永歌之；永歌之不足，不知手之舞之足之蹈之也。」《文心雕龍》〈明詩篇〉亦云：「詩者，持也，持人情性；三百之蔽，義歸無邪，持之爲訓，有符焉爾。」由《詩序》及《文心》的話可以知道，詩就是將我們內心的情志，用語言文字表達出來。就英文的（poem）一字，也寓有豐富的情感由簡潔文字表現出來的含義（註三），至於畫之含義，張彥遠《歷代名畫記卷一》曰：「夫畫者，成教化，助人倫，窮神變，測幽微，與六籍同功，四時並運，發於天然，非由述作。……是時也，書、畫同體而未分，象制肇創而猶略，無以傳其意，故有書；無以見其形，故有畫，天地聖人之意也。」《畫記》之中所言的

「書」顯然指的是字，字是傳意的工具，畫是顯形的工具，其要表現的同爲人類的情志，因此它們產生的基因則爲一，至於醞釀產生的過程，由心的思索，經過剪裁、冶練的工夫，一由文字表現出來，一由畫筆表現出來，雖然使用的工具不同，但過程卻是往往相同的。近人謝稚柳云：「詩是用文字來描繪形象的情景，而畫是通過形象來顯示情，形式雖不同，而描繪的原則則一，藝術性則一。……」（註四）葉燮《已畦文集卷八》：「昔人評王維之畫曰，畫中有詩，又評王維之詩曰，詩中有畫，由是言之，則畫與詩初無二道也。然吾以爲何不云；摩詰之詩即畫，摩詰之畫即詩，又何必論其中之有無哉？故畫者，天地無聲之詩；詩者，天地無色之畫。」

其實，詩畫的並列而言，乃出自唐玄宗，據《歷代名畫記卷九》：「鄭虔，高士也……好琴、酒、篇詠，工山水；進獻詩篇及書畫，玄宗御筆題曰：鄭虔三絕。」詩書畫謂之三絕，乃出自唐玄宗之說而確立，下啓了詩畫關係的探討。

在西方，對於詩畫的關係，在很早也有人提及，如古希臘詩人西蒙尼台斯（Simonides of Ceos，西元前五五六至四六七）曾說：「畫爲無聲詩，詩是有聲畫。」柏拉圖（Plato 約西元前四二七至三四七）在《理想國》中也有「詩人猶如畫家」之語，亞里斯多德（Aristotle，西元前三八四至三二二）的《詩學》類比了詩畫，直說：「一如在繪畫裡」（註五），這些說法，與我們詩畫同源的觀念，眞有異曲同工之妙。萊辛（Lessing，西元一七二九至一七八一）著有《拉奥孔》一書，曾對詩與畫的界限，多所探討（註六），雖然認爲有的畫無法入詩，有的詩也無法全然入畫，但是仍然承認詩與畫的緊密關係。

大凡一種藝術的創作，雖然技有所不同，但是道卻是往往相通的，尤其美術與文學，根本求的是眞、善、美，在道方面與其相通者，其實還有戲劇、舞蹈、建築、雕刻等等，尤其詩、書、畫三者，在意境的追求，素材的組合上，更是具有密切的關係，它們不但欲表現的東西往往一致，甚至在構思冶練的過程中，往往也有相同之處，故張彥遠《歷代名畫記》引陸機語云「丹青之興，比雅頌之述作，美大業之馨香，宣物莫大於言，存形莫善於畫。」已將二者的關係講的非常地清楚。宗白華〈中國詩中所表現的空間意識〉一文（註七）就曾明白道出中國畫中的空間間架，乃是深富詩意的創造性的藝術空間，趨向著音樂的境界，滲透了時間底節奏，他以為俯仰往還，遠近取譬，是中國哲人的觀照法，也是詩人畫家的觀照法。黃永武《中國詩學》中也說：「如果說詩是耳聽的風景，說它是時間中的畫圖，或者說詩是視覺的音樂，說它是畫圖樣的時間，都可以說得通，因為詩是時空交綜的藝術，而且它不是靜止的時空，是廣狹長短變動著的時空。」（註八）林莉娜〈詩情畫意——中國繪畫之特殊藝術形式〉一文中云：「中國藝術的特色貴在不為外物所拘，不論是詩人或繪畫，旨在創造出一種意境，創作者由現實中擷取靈感，經由主觀選擇的個人藝術形式或語言，而營造出一個理想化的境界，它不完全是為寫實，而更重於情與景的交融。」（註九）。詩與畫的關係既然非常密切，因為畫的關係而有題畫文學的產生，即是題字於畫上的文學，據日人青木正兒的界定，包括了畫贊、畫記、題畫詩、畫跋等形式，現就題畫文學，分述如下。

第一節　畫　贊

畫贊爲韻文形式，與題畫詩爲一類，其起源甚早，據《晉書束皙傳》所載：「太康二年，汲郡人不準盜發魏襄王墓，或言安釐王冢，得竹書數十車，中有穆天子傳五篇，言周穆王游行四海，見帝台西王母圖詩一篇，畫贊之屬也。」（註一〇）若出土資料可靠，則戰國時代已有爲畫作詩之風，並名之曰「圖詩」矣。至於〈楚辭天問篇〉，王逸謂屈原遭受逐放，憂抑難伸，見先王廟宇及公卿祠堂所繪製之天地山川神靈，乃至於古代聖賢圖像，一時感憤，乃於壁上題字以舒幽怨之情，楚人後念屈原之德，於是輯集成篇，畫旁題字，匪畫贊而爲何？迄至西漢，《漢書卷五十四・李廣蘇建傳第二十四》載有：「甘露三年，單于始入朝，上思股肱之美，迺圖畫其人於麒麟閣，法其形貌，署其官爵姓名。」在畫旁署其官爵姓名，雖不能逕定爲畫贊，但畫旁書有文字，則爲事實。蔡質《漢官典職》載：「尚書奏事於明光殿省中，皆以胡粉塗壁，紫青界之，畫古烈士，重行書贊。」（註一一）再由《歷代名畫記卷三》所載漢明帝畫宮圖：「五十卷，第一起庖犧，五十雜畫贊，漢明帝雅好畫圖，別立畫官，詔博洽之士，班固、賈逵輩取諸經史事，命尚方畫工圖畫，謂之畫贊。」到了東漢時代，由王逸之子延壽，作〈魯靈光殿賦〉（註一二），中有：「圖畫天地，品類群生，雜物奇怪，山神海靈，寫載其物，託之丹青，千變萬化，事各繆形，隨色象類，曲得其情。」由文中之語，先有畫在壁上，然後延壽方據其而作殿賦，是以爲畫贊之明證也。迄至靈帝，詔蔡邕畫赤泉侯五代將相於省，兼命爲讚及書，邕書、畫與讚，皆擅名於代，時稱三美（註一三）已將書、畫及讚並稱。三國時代，曹植有畫贊五卷，《文選》亦載有夏侯湛的〈東方朔畫贊〉一文（註一四），曹植之〈庖羲贊〉云：「木德風姓，八卦創焉，龍瑞名官，法地象天，庖廚祭祀，罟網魚畋，瑟以像時，神德通玄。」（註一五），其餘贊文體由庖羲以至班婕妤皆爲韻文形式，是爲詠贊之明證。魏秘書監荀勗，因襲鄭默之《中經》而著《新簿》，將書分爲四部，丁部之中有詩賦圖讚汲冢書（註一六），既將圖讚與詩賦列爲一部，可見其密切之關係。此外蜀有譙周圖，俞劍方《中國繪畫史》載：「益州刺史董榮圖畫周像於州學，命從事李通頌之。」（註一七）

「吳則有〈張溫中妹畫像〉，溫姊妹三人皆有節行，爲溫事已嫁者皆見錄奪，其中妹許嫁丁氏，成婚有日，遂飲藥而死，鄉人圖畫爲之贊頌云（註一八）。另有；赤烏元年冬十月權游青谿，見一赤龍自天而下，凌波而行，遂命（曹）不興圖之，權爲之贊。」（註一九）。

至西晉，有〈宋纖圖〉，俞氏《中國繪畫史》載曰：「宋纖，敦煌效穀人，不應辟命，太守楊宣畫其象於閣上，出入視之，作頌贊焉。」（註二〇），此外；郭璞有〈爾雅音圖二卷〉、〈山海經圖贊二卷〉。

南北朝時，則出現佛像題贊，如《廣弘明集卷十六》有沈約的〈繡像贊并序〉，亦四言韻文，江淹的〈雪山讚四首并序〉，四首題贊分別爲〈王太子喬〉、〈陰長生〉、〈秦女之三仙〉、〈白雲〉。其中題〈王太子喬〉序曰：「壁上有雜畫，皆作山水好勢，仙者五六，雲氣生焉。悵然會意，題爲小讚云。」

畫贊至唐，見於記載者有：

武德四年，太宗作文學館，收聘賢才，每暇日訪以政事。命閻立本圖像，使褚亮爲之贊，號十八學士，藏之書府，以章禮賢之重（註二一）。

武德九年，命寫秦府十八學士，褚亮爲贊（註二二）。

貞觀十七年，又詔（閻立本）畫凌煙閣功臣二十四人圖，上自爲贊（註二三）。

開元中拜張說等十八人爲學士，於東都上陽宮含象亭圖象，並寫御贊（註二四）。

除上提及者外，宋．姚鉉所撰集之《唐文粹》尚載有李德裕〈唐武宗皇帝眞容贊〉、呂溫〈凌煙閣二十二勳臣贊〉、〈張荊州畫贊〉（以上見唐文粹卷二十三）。此外；《全唐文》卷七百十尚有李德裕〈圯上圖贊〉一首。此外：《唐文粹》尚有司空圖〈三賢贊〉（唐文粹卷二十三），《全唐文》卷八〇八尚有其〈李翰林寫眞贊〉一首。除此之外，裴度有〈自題寫眞贊〉（唐文粹卷二十三）、韋渠牟〈四皓畫圖贊〉（唐文粹卷二十四），梁肅〈三如來畫像贊并序〉、〈藥師琉璃光如來畫像贊并序〉、〈壁畫三像贊并序〉、〈千手千眼觀音菩薩像贊〉、〈大羅天尊畫像贊并序〉、〈釋迦牟尼如來像贊〉（以上均見全唐文卷五一九），柳宗元〈龍馬圖贊并序〉（唐文粹卷二十四），白居易〈騶虞畫贊〉、〈畫鵰贊并序〉（以上均見唐文粹卷二十四）、〈畫元始天尊贊并序〉、〈畫大羅天尊贊并序〉三首、〈佛光和尙眞贊并序〉、〈畫彌勒上生幀贊并序〉、〈畫水月菩薩贊〉（以上均見全唐文卷六七七），陸龜蒙〈怪松圖贊并序〉、李翰〈裴旻將軍射虎圖贊〉（以上均見唐文粹卷二十四），太宗〈六馬圖贊〉（全唐文卷十）、中宗〈林光宮道岸法師像贊〉、〈賢首國師眞贊〉（以上見全唐文卷十七），玄宗〈葉法善像贊〉、〈王文郁畫貴妃像贊〉、〈元元皇帝像贊并序〉、〈張天師贊〉二首（註二五）（以上均見全唐文卷四十一），肅宗〈葉法善像贊〉（全唐文卷四十五），文宗〈華嚴四祖清涼國師像贊〉（全唐文卷七十五），陳子昂〈燕然軍人畫像銘并序〉（全唐文卷二百十四），盧照鄰〈益州長史胡樹禮爲亡女造畫贊〉（全唐文卷一百六十六），張說〈龍門西龕蘇合宮等身觀世音菩薩像讚〉（全唐文卷二百二十二）、〈金紫光祿大夫太常卿上柱國中山郡公崔日知寫眞圖贊〉、〈盧舍那像贊并序〉（以上二首均見全唐文卷二百二十六），蘇頲〈雙白鷹贊并序〉、〈皇誕日畫像銘〉（以上二首均見全唐文卷二百五十六），黃元之〈潤州江寧縣瓦棺寺維摩詰畫像銘〉（全唐文卷二百六十六），薛稷〈朱隱士圖贊〉（全唐文卷二百七十五），張九齡〈鷹鶻圖贊序〉（全唐文卷二百九十）、〈聖應圖贊并序〉、〈侍中兼吏部尙書裴公畫像贊并序〉、〈宋使君寫眞圖贊并序〉、〈畫天尊像銘并序〉（以上均見全唐文卷二百九十一），王維〈給事中竇紹爲亡弟故駙馬都尉於孝義寺浮圖畫西方阿彌陀變贊并序〉、〈皇甫岳寫眞贊〉、〈裴右丞寫眞贊〉、〈西方淨土變畫贊并序〉（以上均見全唐文卷三百二十五），顏眞卿〈左納言史務滋像贊〉、〈李侍御寫眞贊并序〉（以上見全唐文卷三百三十九），高適〈樊少府廳師子贊〉（全唐文卷三百五十七）（註二六），王端〈唐鐵像頌〉（全唐文卷三百六十二），林諤〈太原府交城縣石壁寺鐵彌勒像頌并序〉（全唐文卷三百六十三），獨孤及〈蘇州刺史兼御史大夫襄武李公寫眞圖贊〉、〈尙書右丞徐公寫眞畫贊并序〉、〈楊起居畫古松樹贊〉、〈張侍御寫眞圖贊〉、〈佛頂尊勝陀羅尼幢贊并序〉（以上均見全唐文卷三百八十九），于邵〈觀世音菩薩畫像贊并序〉、〈觀世音像贊并序〉、〈楊侍御寫眞贊〉、〈秦州都督吳公寫眞贊〉、〈吳使君廳鄭華原壁畫松樹贊〉（以上均見全唐文卷四百二十九），權德輿〈畫釋迦如來讚并序〉、〈畫西方變讚〉（以上見全唐文卷四百九十五），顧況〈如意輪畫讚并序〉（全唐文卷五百二十九），韓愈〈高君畫贊〉（全唐文卷五百五十七），符載〈淮南節度使灞陵公杜佑寫眞贊并序〉、〈劍南西川幕府諸公寫眞贊并序〉（以上見全唐文卷六百九十），穆員〈畫釋迦牟尼佛贊并序〉、〈畫元始天尊釋迦牟尼佛贊并序〉（以上見全唐文卷七百八十三），孫樵〈蕭相國眞贊〉（全唐文卷七百九十四），陸龜蒙〈怪松圖贊并序〉（全唐文卷八百零一），苗紳〈韋丹象贊〉、〈韋宙象贊〉（以上見全唐文卷八百零二），盧虔瓘〈劉隱眞像贊〉（全唐文卷八百零二），黃滔〈一品寫眞贊〉（全唐文卷八百二十四），皎然〈沈君寫眞贊〉、〈王安吉寫眞贊〉、〈楊逵處士寫眞贊〉、〈洞庭山福願寺神皓和尙寫眞贊〉、〈烏程李明府水堂觀元眞子畫武城贊〉（以上均見全唐文卷九百一十七），司馬承禎〈上清侍帝晨桐柏眞人眞圖贊并序〉（全唐文卷九百二十四），吳子來〈寫眞自贊〉（全唐文卷九百二十八），薛逢〈畫像自贊〉（唐文拾遺卷三十）（註二七），盧綸〈和馬郎中畫鶴贊〉（全唐詩卷二百七十八）。

尤其李白、杜甫二位大詩人，即李白就有畫贊十七首（註二八），其中〈當塗李宰君畫贊〉、〈金陵名僧頵公粉圖慈親贊〉、〈李居士讚〉、〈安吉崔少府翰畫贊〉、〈宣城吳錄事畫贊〉、〈羽林范將軍畫贊〉、〈江寧楊利物畫贊〉、〈誌公畫贊〉、〈朱虛候贊〉、〈魯郡葉和尚贊〉共十首爲人物像畫贊。〈壁畫蒼鷹贊〉、〈方城張少公廳畫師猛贊〉、〈金鄉薛少府廳畫鶴贊〉分別爲贊鷹、獅、鶴三種動物，則爲動物畫贊。至於〈金銀泥魚西方淨土變相贊〉、〈地藏菩薩贊〉二首，則爲佛之禮贊。此外尚有〈觀佽飛斬龍圖贊〉一首及贊物之〈琴贊〉一首。杜甫之畫贊，今可見者雖僅有〈韓幹畫馬贊〉一首，但已足證唐時畫贊之盛況了。

唐時的畫贊，在認定上頗爲艱難，因爲有的稱之爲「頌」或「銘」者，其實在文章的序言後面，均有四言或類似楚辭的七言贊語，有的稱之爲「銘」，如蘇頲〈皇誕日畫像銘〉，文後即附有四言一句之銘文。有的稱之爲「偈」，如張說之〈龍門西龕蘇合宮等身觀世音菩薩像頌〉，文後即有四言一句之偈語，甚而如林諤之〈太原府交城縣石壁寺鐵彌勒像頌〉在序後之銘語，竟爲三、三、七句法之銘語，再有如權德輿之〈畫西方變讚〉，明明名之爲讚，其實爲一篇散文，文後並未有任何贊語，所以將其列入畫記中討論。再如；有的標題名之爲「贊」，其實不是圖繪，往往是刺繡、或石刻者，如邱悅〈大彌陀等身像贊〉、許琳〈三世像贊并序〉、郭崧〈藥師像贊并序〉等均爲石刻。

【附註】

註一　林泉高致，美術叢刊本，畫意條頁十八。

註二　見《東坡題跋》卷下，書摩詰藍田煙雨圖。

註三　A verse composition, esp.one characterized by economy of linguistic expression, vivid imagery and intense emotional tone, composition not in verse but characterized by beauty of form and emotional intensity; as , a symphonic poem; anything having qalities or effects reminiscent of poetry.（New Websters Dictionary.）

註四　謝稚柳《水墨畫》頁十七。

註五　以上西蒙尼台斯、柏拉圖、亞里斯多德之語，間接引之於錢鍾書〈中國詩與中國畫〉一文，文見《中國文學研究叢編第一輯》，一九六九年四月，香港龍門書店編行。

註六　朱光潛曾將此書中譯，台灣蒲公英出版社於民國七十五年曾將其出版。

註七　此文刊《美從何處尋》（台北市元山書局出版）頁八五至一一〇。

註八　黃永武《中國詩學》〈設計篇〉頁四三。

註九　《故宮文物月刊》第六十六期，頁一〇〇。

註一〇　《晉書，卷五十一，東晳傳》。

註一一　俞劍方《中國繪畫史》上冊，頁十六。

註一二　《昭明文選》第十一卷〈王文考魯靈光殿賦〉。

註一三　張彥遠《歷代名畫記卷四》。
註一四　《昭明文選卷四七》。
註一五　《隋書經籍志》謂曹植畫贊五十卷本，梁代尚存，或有圖，亦有贊辭，而五卷本，或無畫，僅有畫贊而已，五卷本後亦失傳，但文字被類書引用的有三十餘條，清．嚴可均輯錄於《全三國文》中。
註一六　《隋書卷三十二，經藉志一》經部條。
註一七　俞劍方《中國繪畫史》上冊頁二十六。
註一八　同註一七。
註一九　同註一七，頁二十九。
註二〇　同註一七，頁三十一。
註二一　同註一七，頁九十二。
註二二　《歷代名畫記》卷九立德弟立本條。
註二三　同註二二。
註二四　同註一七，頁九十二。
註二五　〈張天師贊〉共有二首，標題並未明言爲畫贊，但中有：「鸞鶴斯邁，丹青是設，玉相眞儀，傳芳不歇」之語，可見亦是畫贊。
註二六　此贊就標題未能判斷是否爲畫贊，但由其文：「仙尉樊公寫眞像於中廳」，可知亦爲畫贊。

註二七　此贊僅餘殘文十七字。

註二八　戴麗珠《詩與畫》頁十七（聯經出版社民國六十七年七月初版）之〈畫贊及李杜詠畫詩〉一節，謂李白畫贊有十二首，但據《全唐詩》及《李太白全集》㈢（九思出版社民國六十八年三月台一版）頁一三一七始至頁一三三八止之統計，應爲十七首方是。

第二節　題畫詩

唐代作詩、繪畫的風氣極爲盛行，尤其題詩於各種建築、物件上，此風可說是無處不在，到處可見，所謂亭、台、樓、閣乃至書齋、寺院、道觀、影堂（註一）、粉壁（註二）、障子（註三）、屏風、寫眞圖等，皆可題詩，如孟浩然有〈題長安主人壁〉（註四）、岑參有〈醉題匡城周少府廳壁〉（註五）、高適有〈周衛八題陸少府書齋〉（註六）、韓翃有〈題慈仁寺竹院〉（註七）、陳羽有〈題舞花大師遺居〉（註八）、劉禹錫有〈題淳于髡墓〉（註九）、廖有方有〈題旅櫬詩〉（註一〇）等眞是不勝枚舉，其中尤其在障子、屏風、粉壁上繪畫，然後在其旁題詩，或敘其畫之由來，或敘其畫之技巧，更是蔚爲風尚。另一方面，古時無照相之發明，人物之像全憑寫眞圖以記之，或留爲紀念，或作爲憑証，如玄宗思念梅妃，曾爲之畫像，並於其旁題詩云：「憶昔嬌妃在紫宸，鉛華不御得天眞，霜綃雖似當時態，爭奈嬌波不顧人。」（註一一），再如白居易〈自題寫眞詩〉：「我貌不自識，李放寫我眞，靜觀神與骨，合是山中人，蒲柳質易朽，麋鹿心難馴，何事赤墀上，五年爲侍臣，況多剛狷性，難與世同塵，不惟非貴相，但恐生禍因，宜當早罷去，收取雲泉身。」（註一二），以上爲私人之寫眞圖，至於官方朝廷作爲身份容貌之憑証，可由白居易〈香山居士寫眞詩〉的序文中可窺知其情，文曰：「元和五年，予爲左拾遺，翰林學士，奉詔寫眞於集賢殿御書院，時年三十七，會昌二年，罷太子少傅，爲白衣居士，又寫眞於香山寺藏經堂，時年七十一，前後相望，殆將三紀，觀今照昔，慨然自歎者久之。形容非一，世事幾變，因題六十字以寫所懷。」既云奉詔寫眞，則可知此番畫像，乃公事用途。

唐人普遍來說，因生活富裕，社會安定，詩酒雅會甚多，又稟晉人與南北朝之遊山玩水之餘風，故藝術氣氛特濃，由唐人之詩中，詠花卉、詠飲茶、詠垂釣之詩，所見多有，即爲明證，加之以歷代君王對藝術文學之愛好，如太宗就經常以一己之書法頒賜大臣（註一三），我們由淳化閣帖中所收的太宗書法，可知他字寫得還相當不錯。則天皇帝雅好書法、音樂，除善飛白體外，著有宮音、角音、徵音、商音、羽音等詩作（註一四）。白居易過世之後，宣宗以帝王之尊，親作弔唁之詩，文曰：「綴玉聯珠六十年，誰教冥路作詩仙，浮雲不繫名居易，造化無爲字樂天，童子解吟長恨曲，胡兒能唱琵琶篇，文章已滿行人耳，一度思卿一愴然。」（註一五），所謂「一度思卿一愴然」，帝王之欽仰尊重詩人，一至於斯，國家又何愁文風不盛。

唐代的題畫詩，大部分是題於粉壁、障子或屛風之上，因五代之前，文人作畫或書法，皆採單鈎式執筆法（註一六），極便於作壁寫，復以太宗圖畫功臣之像於凌煙閣上，又加之以詩贊，所謂上有所好，下必甚焉，留名千載，孰人不願？於是民間集會，也喜歡寫眞其貌，並題詩於其旁，白居易〈九老圖詩序〉文中云：「會昌五年三月，胡、吉、劉、鄭、盧、張等六賢，於東都敝居履道坊合尙齒之會，其年夏，又有二老，年貌絕倫，同歸故鄉，亦來斯會，續命書姓名年齒，寫其形貌，附於圖右，與前七老，題爲九老圖，仍以一絕贈之。」詩曰：「雪作鬚眉雲作衣，遼東華表鶴雙歸，當時一鶴猶希有，何況今逢兩令威。」（註一七）又其〈題詩屛風絕句〉一詩的序文中，也道出了題詩之目的，其文曰：「十二年冬，微之猶滯通州，予亦未離湓上，相去萬里，不見三年，鬱鬱相念，多以吟詠自解，前後辱微之寄示之什，殆數百篇，雖藏於篋中，永以爲好，不若置之座右，如見所思，繇是掇律句中短小麗絕者，凡一百首，題錄合爲一屛風，舉目會心參，若其人在於前矣，前輩作事，多出偶然，則安知此屛風不爲好事者所傳，異日作九江一故事爾，因題絕句，聊以獎之。」（註一八），由以上兩首詩之序文，不難看出題詩的心態。

沈德潛《說詩晬語》中云：「唐以前未見題畫詩，開此體者爲老杜。」沈氏之說顯有謬誤，其實杜甫之前，唐代題畫詩最早作品，應屬盧鴻〈草堂十志圖〉的自詠（註一九），不過杜甫的題畫詩也相當不少，今可見者共有四首，即〈題壁畫馬歌〉、〈戲題畫山水圖歌〉、〈題李尊師松樹障子歌〉（以上三首見全唐詩卷二百十九）〈題玄武禪師屋壁〉（見全唐詩卷二百二十七）。在論及題畫詩前，有個問題必須先予以解決，即是題畫詩是不是一定寫在畫的旁邊才算數，會不會是某人看到了一幅畫，因欣賞之餘，只是作了一首詩來歌詠或讚美它而已，而並沒有題文字於其旁，這樣題畫詩豈不是與記畫詩或論畫詩一樣嗎？在解決此問題之前，必須拿出「題」的佐證，換句話說；所謂題詩，必須是寫在壁上或紙上，而所謂題畫詩，必須是題在畫旁的詩才能算數。薛能乃是中唐武宗會昌六年的進士第，後授工部尚書，他有〈嘉陵驛見賈島舊題〉一詩，詩曰：「賈子命堪悲，唐人獨解詩，左遷今已矣，清絕更無之，畢竟吾猶許，商量眾莫疑，嘉陵四十字，一一是天資。」（註二〇），既云：「嘉陵四十字，一一是天資」可證賈島的確有四十個字是題於嘉陵驛的壁上的。再如薛存誠（註二一）有〈御題國子監門〉一詩，文曰：「宸翰符玄造，榮題國子門，筆鋒迴日月，字勢動乾坤，簷下雲光絕，梁間鵲影翻，張英聖莫擬，索靖妙難言，為著盤龍跡，能彰舞鳳尊，更隨垂露像，常以沐皇恩。」所謂「宸翰符玄造，榮題國子門，筆鋒迴日月，字勢動乾坤。」顯然國子監門之上是有皇帝所題的詩。再如李益有〈嘉禾寺見亡友王七題壁詩〉一首：「今日憶君處，憶君君豈知，空餘暗塵字，讀罷淚仍垂。」（全唐詩卷二百八十三）所謂「空餘暗塵字」顯然當年王七是有題詩於壁上的。再如元稹〈公安縣遠安寺水亭見展公題壁漂然淚流因書四韻〉一詩，詩曰：「碧澗去年會，與師三兩人，今來見題壁，師已是前身，芰葉迎僧夏，楊花度俗春，空將數行淚，灑遍塔中塵。」（全唐詩卷四百零三）既云「今來見題壁，師已是前身。」可見展公在去年是在壁上題有詩句的。

以上所舉四首詩，證明了題詩必須是寫在牆上或東西上才算數，當然題畫詩也必須是寫在畫上或畫旁的詩，才能謂之題畫詩，這種例子，我們可由徐安貞（註二二）的〈題襄陽圖〉及杜甫的〈題玄武禪師屋壁〉還有朱灣（註二三）的〈題段上人院壁畫古松〉三首詩中得到鐵證。徐氏〈題襄陽圖〉詩曰：「畫得襄陽郡，依然見昔遊，峴山思駐馬，漢水憶迴舟，丹壑常含霽，青林不換秋，圖書（一作畫圖）空咫尺，千里意悠悠。」（註二四），杜甫〈題玄武禪師屋壁〉詩曰：「何年顧虎頭，滿壁畫滄州，赤日石林氣，青天江水流，錫飛常近鶴，杯渡不驚鷗，似得廬山路，眞隨惠遠游。」（註二五），朱灣〈題段上人院壁畫古松〉詩曰：「石上盤古根，謂言天生有，安知艸木性，變在畫師手，陰深方丈間，直趣幽且閒，木紋離披勢搓捽，中裂空心火燒出，掃成三寸五寸枝，便是千年萬年物，莓苔濃淡色不同，一面死皮生蠹蟲，風霜未必來到此，氣色杳在寒山中，孤標可玩不可取，能使支公道場古。」。一曰：「畫得襄陽郡，依然見昔遊。」一曰：「何年顧虎頭，滿壁畫滄州。」一曰：「石上盤古根，謂言天生有，安知艸木性，變在畫師手。」可知牆上有畫，而詩是題於其旁的。據筆者統計，《全唐詩》中言明題畫之詩的，至少有三十餘首，現錄其作者姓名及詩名於後：

唐睿宗：〈戲題畫〉（全唐詩卷八百六十九）
唐玄宗：〈題梅妃畫眞〉（全唐詩卷三）
唐文宗：〈題程修己竹障〉（全唐詩卷四）
張九齡：〈題畫山水障〉（全唐詩卷四十七）
劉庭琦：〈詠木槿樹題武進文明府廳〉（全唐詩卷一百十）
徐安貞：〈題襄陽圖〉（全唐詩卷一百二十四）

王　維：〈題友人雲母障子〉（全唐詩卷一百二十八）

岑　參：〈題李士曹廳壁畫度雨雲歌〉（全唐詩卷一百九十九）

杜　甫：㈠〈題壁畫馬歌〉（全唐詩卷二百十九）

㈡〈戲題畫山水圖歌〉（卷帙仝右）

㈢〈題李尊師松樹障子歌〉（卷帙仝右）

㈣〈題玄武禪師屋壁〉（全唐詩卷二百二十七）

錢　起：〈題禮上人壁畫山水〉（全唐詩卷二百三十九）

郎士元：〈題劉相公三湘圖〉（全唐詩卷二百四十八）

皇甫冉：〈題畫帳〉二首（一爲題山水，一爲題遠帆）（全唐詩卷二百四十九）

戴叔倫：〈題天柱山圖〉（全唐詩卷二百七十四）

盧　綸：〈題嘉祥殿南溪印禪師壁畫影堂〉（全唐詩卷二百七十九）

朱　灣：〈題段上人院壁畫古松〉（全唐詩卷三百零六）

白居易：㈠〈題海圖屏風〉（全唐詩卷四百二十四）

㈡〈自題寫眞〉（全唐詩卷四百二十九）

㈢〈題舊寫眞圖〉（全唐詩卷四百三十）

牟　融：〈題李昭訓山水〉（全唐詩卷四百六十七）

柳公權：〈題朱審寺壁山水畫〉（全唐詩卷四百七十九）
楊汝士：〈題畫山水〉（全唐詩卷四百八十四）
張　祜：㈠〈題王右丞山水障〉二首（全唐詩卷五百十）
㈡〈題山水障子〉（卷帙仝右）
㈢〈題畫僧〉二首（全唐詩卷五百十一）
李商隱：〈題道靜院院在中條山故王顏中丞所置虢州刺史捨官居此今寫眞存焉〉（全唐詩卷五百四十一）
趙　璜：〈題七夕圖〉（全唐詩卷五百四十二）
方　干：〈題畫建溪圖〉（全唐詩卷六百五十三）
羅　隱：〈題磻溪垂釣圖〉（全唐詩卷六百六十五）
吳　融：〈題畫柏〉（全唐詩卷六百八十七）
懷　素：〈題張僧繇醉僧圖〉（全唐詩卷八百零八）

由以上的統計，我們可知唐代題畫詩之盛行，惜年代久遠，畫蹟湮滅，僅能就文字上作一番考証，以明詩與畫之密切關係。

【附註】

註　一　乃奉祀先人遺像或供奉佛祖、高僧等之眞影之所，崔豹《古今注》：「廟者，貌也。所以彷彿先人之容貌，庶人則立影堂。」如盧綸有〈題嘉祥殿南溪印禪師壁畫影堂〉。

註　二：粉壁即是以胡粉塗壁，漢官儀：「省中皆胡粉塗壁，故曰粉壁。」所謂胡粉即是一種鉛粉，乃粉白之色，《後漢書，卷九十三，李固傳》：「固獨胡粉飾貌，搔頭弄姿。」

註　三　障子即屏風，杜甫《杜工部草堂詩箋八》題李尊師松樹障子歌：「障子松林靜杳冥，憑軒忽若無丹青。」又：可參考《世說新語》汰侈第四條。三民書局出版之《大辭典》下冊頁五一二四障子條曰：「障子即屏風。」《釋名》釋床帳：「屏風，可以屏障風也。」

註　四　《全唐詩》卷一百六十。

註　五　《全唐詩》卷一百九十九。

註　六　《全唐詩》卷二百十四。

註　七　《全唐詩》卷二百四十四。

註　八　《全唐詩》卷三百四十八。

註　九　《全唐詩》卷三百五十八。

註一〇　《全唐詩》卷四百九十。

註一一　《全唐詩》卷三，明皇〈題梅妃畫眞〉。

註一二　《全唐詩》卷四百二十九。

註一三　《全唐詩》卷三十九載有馬周之生平，文曰：「太宗嘗賜以飛白書曰：『鸞鳳凌雲，必資羽翼，股肱之寄，誠在忠良。』」

註一四　《全唐詩》卷五。

註一五　《全唐詩》卷一。

註一六　毛筆握管之法，五代之前用單鉤法，乃撥鐙式之小變，其別在中指不鉤筆，退與無名指同列，惟食指鉤筆，與今日之執鉛筆法極為接近，如五代後蜀丘文播「文會圖」等即可見證。（見圖版一）

註一七　《全唐詩》卷四百六十二。

註一八　《全唐詩》卷四百四十。

註一九　見《東坡題跋》卷五及米芾《畫史》。

註二〇　《全唐詩》卷五百六十。

註二一　薛存誠，字資明，河東人，登德宗貞元進士第，《全唐詩》卷四百六十六收有其詩十二首。

註二二　徐安貞，初名楚璧，龍丘人，開元中為中書舍人，集賢院學士，帝屬文，多令視草，《全唐詩》收有其詩十一首。

註二三　朱灣，字巨川，西蜀人，自號滄洲子，貞元元和間，為李勉永平從事，詩一卷。

註二四　《全唐詩》卷一百二十四。

註二五　楊倫編輯，《杜詩鏡銓》卷九，頁四一二。

第三節　論畫詩

自古以來，許多人著筆研究唐詩，大抵均將〈題畫詩〉與〈論畫詩〉一併籠統論之，其實兩者仍可精細分之，〈題畫詩〉必須是題在畫旁的詩，而〈論畫詩〉則未必題在畫旁。一個文人雅客看了一幅好畫，贊嘆之餘，心感而發，於是作了一首詩贊美這幅畫，而它不是一種四言或四、六言的韻文方式出之，而是以一種詩的體裁來歌詠它，這種詩我們就可以稱之爲〈論畫詩〉。王士禎曾曰：「因念六朝以來，題畫詩絕罕見，盛唐如李太白輩間一爲之，拙劣不工，王季友一篇雖小有致，不能佳也。杜子美始創爲畫松、畫馬、畫鷹、畫山水諸大篇，搜奇抉奧，筆補造化。」（註一），王氏之言，即是未將〈題畫詩〉與〈論畫詩〉分別而言，因王季友所作之〈觀于舍人壁畫山水〉，詩曰：「野人宿在人家少，朝見此山謂山曉，半壁仍棲嶺上雲，開簾欲放湖中鳥，獨坐長松是阿誰，再三招手起來遲，于公大笑向予說，小弟丹青能爾爲。」（全唐詩卷二百五十九），杜甫之〈畫鷹〉：「素練風霜起，蒼鷹畫作殊，攫身思狡兔，側目似愁胡，絛鏇光堪擿，軒楹勢可呼，何當擊凡鳥，毛血灑平蕪。」（全唐詩卷二百二十四），我們從這兩首詩中找不出〈題畫詩〉的有力證據，只能說是詠畫或論畫詩，若將〈題畫詩〉與〈論畫詩〉混合而論之，唐人的論畫詩，即使是杜甫之前，倒也未必罕見，甚至可以說是很多，除卻以上敘及之〈題畫詩〉外，現錄唐人有論及畫作之詩人名姓及其作品名稱如下：

上官儀：〈詠畫障一首〉（全唐詩卷四十）

宋之問：㈠〈壽陽王花燭圖〉（全唐詩卷五十二）
㈡〈詠省壁畫鶴〉（全唐詩卷五十三）

陳子昂：㈠〈山水粉圖〉（全唐詩卷八十三）
㈡〈詠主人壁上畫鶴寄喬主簿崔著作〉（全唐詩卷八十四）

李　白：㈠〈同族弟金城尉叔卿燭照山水壁畫歌〉（全唐詩卷一百六十六）
㈡〈當塗趙炎少府粉圖山水歌〉（全唐詩卷一百六十七）
㈢〈觀博平王志安少府山水粉圖〉（全唐詩卷一百八十三）
㈣〈觀元丹丘坐巫山屏風〉（卷帙仝右）
㈤〈求崔山人百丈崖瀑布圖〉（卷帙仝右）
㈥〈瑩禪師房觀山海圖〉（卷帙仝右）
㈦〈初出金門尋王侍御不遇詠壁上鸚鵡〉（卷帙仝右）

杜　甫：㈠〈奉先劉少府新畫山水障歌〉（全唐詩卷二百十六）
㈡〈畫鶻行〉（全唐詩卷二百十七）
㈢〈戲爲雙松圖歌〉（全唐詩卷二百十九）
㈣〈姜楚公畫角鷹歌〉（全唐詩卷二百二十）
㈤〈觀薛稷少保書畫壁〉（卷帙仝右）

(六)〈通泉縣署屋壁後薛少保畫鶴〉（卷帙仝右）

(七)〈韋諷錄事宅觀曹將軍畫馬圖〉（卷帙仝右）

(八)〈丹青引贈曹將軍霸〉（卷帙同右）

(九)〈楊監又出畫鷹十二扇〉（全唐詩卷二百二十一）

(十)〈畫鷹〉（全唐詩卷二百二十四）

(十一)〈觀李固請司馬弟山水圖〉三首（全唐詩卷二百二十六）

(十二)〈嚴公廳宴同詠蜀道畫圖〉（全唐詩卷二百二十七）

(十三)〈奉觀嚴鄭公廳事岷山沱江畫圖十韻〉（全唐詩卷二百二十八）

(十四)〈能畫〉（全唐詩卷二百三十）

韓　愈：〈桃源圖〉（全唐詩卷三百三十八）

孫　逖：〈奉和李右相中書壁畫山水〉（全唐詩卷一百十八）

王　維：〈崔興宗寫眞詠〉（全唐詩卷一百二十八）

李　頎：(一)〈李兵曹壁畫山水各賦得桂水帆〉（全唐詩卷一百三十三）

(二)〈詠張諲山水〉（全唐詩卷一百三十四）

儲光羲：〈述韋昭應畫犀牛〉（全唐詩卷一百三十六）

王昌齡：〈觀江淮名勝圖〉（全唐詩卷一百四十一）

劉長卿：㈠〈獄中見壁畫佛〉（全唐詩卷一百四十八）
㈡〈會稽王處士艸堂壁畫衡霍諸山〉（全唐詩卷一百四十九）
㈢〈觀李湊所畫美人障子〉（卷帙同右）
韋應物：〈詠徐正字畫青蠅〉（全唐詩卷一百九十五）
岑　參：㈠〈劉相公中書江山畫障〉（全唐詩卷一百九十八）
㈡〈詠郡齋壁畫片雲〉（全唐詩卷二百）
梁　鍠：㈠〈崔駙馬宅詠畫山水扇〉（全唐詩卷二百零二）
㈡〈觀王美人海圖障子〉（全唐詩卷二百零二）
李　收：〈和中書侍郎院壁畫雲〉（全唐詩卷二百零三）
高　適：㈠〈同鮮于洛陽於畢員外宅觀畫馬歌〉（全唐詩卷二百十三）
㈡〈見薛大臂鷹作〉（卷帙仝右）
㈢〈同李九士曹觀壁畫雲作〉（卷帙仝右）
㈣〈畫馬篇〉（卷帙仝右）
錢　起：㈠〈畫馬篇〉（全唐詩卷二百三十六）
㈡〈詠門上畫松上元王杜三相公〉（全唐詩卷二百三十七）
獨孤及：〈和李尚書畫射虎圖歌〉（全唐詩卷二百四十七）

皇甫冉：㈠〈酬包許事壁畫山水見寄〉（全唐詩卷二百四十九）
㈡〈劉方平壁畫山〉（卷帙仝右）
王季友：〈觀于舍人壁畫山水〉（全唐詩卷二百五十九）
顧　況：㈠〈范山人畫山水歌〉（全唐詩卷二百六十五）
㈡〈嵇山道芬上人畫山水歌〉（卷帙仝右）
㈢〈杜秀才畫立走水牛歌〉（卷帙仝右）
㈣〈梁司馬畫馬歌〉（卷帙仝右）
竇　群：〈觀畫鶴〉（全唐詩卷二百七十一）
戴叔倫：〈畫蟬〉（全唐詩卷二百七十四）
劉　商：㈠〈酬道芬寄畫松〉（全唐詩卷三百零四）
㈡〈與湛上人院畫松〉（卷帙仝右）
㈢〈畫石〉（卷帙仝右）
㈣〈袁德師求畫松〉（卷帙仝右）
㈤〈畫樹後呈濬師〉（卷帙仝右）
羊士諤：〈台中遇直晨覽蕭侍御壁畫山水〉（全唐詩卷三百三十二）
柳宗元：〈省試觀慶雲圖詩〉（全唐詩卷三百五十三）

劉禹錫：〈觀八陣圖〉（全唐詩卷三百五十七）
李　程：〈觀慶雲圖〉（全唐詩卷三百六十八）
李行敏：〈省試觀慶雲圖〉（卷帙仝右）
張　籍：〈答白杭州郡樓登望畫圖見寄〉（全唐詩卷三百八十五）
劉　叉：〈觀八駿圖〉（全唐詩卷三百九十五）
元　稹：㈠〈畫松〉（全唐詩卷二百九十八）
㈡〈楊子華畫〉三首（全唐詩卷四首）
白居易：㈠〈八駿圖〉（全唐詩卷四百二十七）
㈡〈畫竹歌〉（全唐詩卷四百三十五）
㈢〈畫木蓮花圖寄元郎中〉（全唐詩卷四百四十一）
㈣〈感舊寫眞〉（全唐詩卷四百四十五）
㈤〈香山居士寫眞詩〉（全唐詩卷四百五十九）
㈥〈河陽石尚書破迴鶻迎貴主過上黨射鷺鷥繪畫爲圖猥蒙見示稱歎不足以詩美之〉
（全唐詩卷四百六十）
㈦〈九老圖詩〉（全唐詩卷四百六十二）
牟　融：〈山寺律僧畫蘭竹圖〉（全唐詩卷四百六十七）

徐凝：㈠〈傷畫松道芬上人〉（全唐詩卷四百七十四）
㈡〈觀釣台魚圖〉（卷帙仝右）
李涉：㈠〈寄荊娘寫真〉（全唐詩卷四百七十七）
㈡〈謝王連州送海陽圖〉（卷帙仝右）
鮑溶：㈠〈蕭史圖歌〉（全唐詩卷四百八十五）
㈡〈周先生畫洞庭歌〉（卷帙仝右）
施肩吾：㈠〈觀吳偃畫松〉（全唐詩卷四百九十四）
㈡〈觀葉生畫花〉（卷帙仝右）
張祜：〈招徐宗偃畫松石〉（全唐詩卷五百十一）
李遠：〈贈寫御容李長史〉（全唐詩卷五百十九）
李商隱：〈李肱所遺畫松詩書兩紙得四十韻〉（全唐詩卷五百四十一）
馬戴：〈府試觀開元皇帝東封圖〉（全唐詩卷五百五十六）
李朋：〈奉酬綿州中丞以江山小圖遠垂賜及兼寄詩〉（全唐詩卷五百六十四）
李群玉：〈長沙元門寺張璪員外壁畫〉（全唐詩卷五百七十）
溫庭筠：〈龍尾驛婦人圖〉（全唐詩卷五百八十三）
李頻：〈府試觀蘭亭圖〉（全唐詩卷五百八十九）

裴　澈：〈弔孟昌圖〉（全唐詩卷六百）

司空圖：〈新歲對寫眞〉（全唐詩卷六百三十二）

顧　雲：〈蘇君廳覩韓幹馬障歌〉（全唐詩卷六百三十七）

方　干：㈠〈陳式水墨山水〉（全唐詩卷六百四十九）

㈡〈方著作畫竹〉（全唐詩卷六百四十九）

㈢〈盧卓山人畫水〉（全唐詩卷六百五十一）

㈣〈項洙處士畫水墨釣台〉（卷帙仝右）

㈤〈陸山人畫水〉（全唐詩卷六百五十二）

㈥〈水墨松石〉（卷帙仝右）

羅　隱：㈠〈扇上畫牡丹〉（全唐詩卷六百六十三）

㈡〈八駿圖〉（全唐詩卷六百六十五）

鄭　谷：㈠〈予嘗有雪景一絕，爲人所諷吟段贊善小筆精微忽爲圖畫一以詩謝之〉（全唐詩卷六百七十五）

㈡〈傳經院壁畫松〉（卷帙仝右）

崔　塗：〈海棠圖〉（全唐詩卷六百七十九）

吳　融：〈壁畫折竹雜言〉（全唐詩卷六百八十七）

杜荀鶴：〈八駿圖〉（全唐詩卷六百九十三）

景　雲：〈畫松〉（全唐詩卷八百零八）

皎　然：(一)〈詠敭上人座右畫松〉（全唐詩卷八百二十）

(二)〈奉應顏尚書眞卿觀玄眞子置酒張樂舞破陣畫洞庭三山歌〉（全唐詩卷八百二十一）

(三)〈周長史昉畫毗門天王歌〉（卷帙仝右）

(四)〈觀王右丞維滄州圖歌〉（卷帙仝右）

(五)〈觀裴秀才松石障歌〉（卷帙仝右）

澹　交：〈寫眞〉（全唐詩卷八百二十三）

以上所錄，論畫詩即達一百二十餘首，再加上題畫詩三十餘首，共一百五十餘首，在今所見近五萬首的唐詩中，亦佔有相當的分量。此外；唐人流行數人集合接力作詩的風氣，好友相聚，或品茗，或賞畫，或聊天，興奮之餘，就一題目聯合接力作詩，亦有時宣洩情懷，欲達金石之功，如《唐文粹卷九十五》載有呂溫〈聯句詩序〉，文曰：「河東柳茂直與余有藩楊之睦，且道義相得也，余兄弟志守拙默，不交當世，晨昏之外，靖專一室，顧我者惟茂直而已，以爲切磋蓋常事，詩論有宴息，導志氣徒然起憤，議世序予欲無言，其或晴天曠景，浩蕩多思，永夜高月，耿耿不寐，或風露初曉，悅若有得，或煙雨如晦，緬懷所思，不然何以節宣慘舒，暢達情性，其有易於詩乎？乃因翰墨之餘，琴酒之暇，屬物命篇，聯珠唱玉，審韻諧律，同聲相應，研情比象，造境皆會，亦猶衆壑合注，霈爲大川，群山出雲，混成一氣，朗宣五色，微闡六義，雖小道必有可觀，其在茲矣，茂直命余序述，存以編簡，俾後之觀者知吾黨所立之濫觴。」將聯句爲詩之情懷躍然於紙。此外《唐文粹卷九十六》載有韓愈〈石鼎聯句詩序〉敘元和十二年十二月衡山道士軒轅彌明與校書郎侯喜等聯詩之事，亦頗有趣，在《全唐詩》中，如成式、張希復、鄭符、昇上人四人曾對一姓吳之畫家所畫壁畫聯句爲詩，詩曰：「慘澹十堵內，吳生縱狂跡，風雲將逼人，神鬼如脫壁（以上爲成式作），其中龍最怪，張甲方汗栗，黑雲夜窸窣，焉知不霹靂（以上爲張希復作），此際忽仙子，獵獵衣舄奕，妙瞬乍疑生，參差奪人魄（以上爲鄭符作），往往乘猛虎，衝梁聳奇石，蒼峭束高泉，角膝驚敧側（以上復爲成式作），冥獄不可視，毛戴腋流液，苟能水成河，剎那沈火宅（以上爲昇上人作）（註二）《全唐詩》中收有與論畫有關的聯句詩，除上所提及外，尚有另外三首，即〈小小寫眞聯句〉（由成式、鄭符、張希復合作）（註三）、〈諸畫聯句〉（由成式、張希復、鄭符合作）（註四）、〈道觀中和潘丞觀青溪圖聯句〉（由清晝、崔萬、潘述合作）（註五），因此總和《全唐詩》中論畫之詩，至少在一百六十首以上。

【附註】

註一　王士禎《帶經堂詩話》卷二十二。

註二　《全唐詩》卷七百九十二。

註　三　同註二。

註　四　同註二。

註　五　《全唐詩》卷七百九十四。

第四節　畫　題

《說文》釋〈題〉字：「題，額也。」段注：「釋言，毛傳曰，定，題也，引伸爲凡居前之稱。」（註一），《爾雅》曰：「額，題也。」郭璞注：「題，額也。詩曰麟之定」（註二），所謂〈畫題〉，就是一幅畫（包括掛軸、手卷、冊頁等）的前面或上方高處的標題文字，嚴格說來，它與跋不同，《說文》釋〈跋〉字：「跋，蹎也。」段注：「……引申爲近人題跋字，……題者，標其前，跋者，系其後也。」（註三），《爾雅》釋爲：「躐也。」（註四），意思是〈跋〉是寫在一幅畫後面的文字，其實〈題〉與〈跋〉在宋代之時，就已經不太劃分，至於近代甚而題跋與款識皆爲相混（註五），如現今之書畫圈，往往一幅畫央及別人題標題時，皆是說：「請題一個跋。」或說：「請題一個款。」反是說：「請題一個畫題」者，倒不多見。這是語言相沿，約定俗成之結果，倒也不必深究，反正就是畫的標題就對了。

傳爲王維所作的〈山水論〉一篇，曾提及〈畫題〉二字，文曰：「凡畫山水須按四時，或曰煙籠霧鎖，或曰楚岫雲歸，或曰秋天曉霽，或曰古塚斷碑，或曰洞庭春色，或曰路荒人迷……如此之類，謂之畫題。」（註六），觀其意即是替畫標出一個標目，所以筆者的認定應該是沒有什麼問題的。自古以來皆云唐之畫題實物，幾乎無所見，這主要原因是壁畫及紙上、帛上作畫，在一般的溫度、濕度、光線下，甚難保持千年以上，今所見唐畫極稀，且大部分眞僞莫辨，更遑論據其以論證畫題了。不過由文獻的記載，尤其從《畫記》與〈論畫詩〉上來推敲，唐代的畫作在上面寫畫題，這種風氣非但不是沒有，並且還相當的不少。《唐朝名畫錄・神品下七人・張藻》條云：「張藻員外，衣冠文學，時之名流，畫松石山水，當代擅價，惟松樹特出古今，能用筆法，掌以手握雙管，一時齊下，一爲生枝，一爲枯枝，氣傲煙霞，勢凌風雨，槎枒之形，鱗皴之狀，隨意縱橫，應手間出，生枝則潤含春澤，枯枝則慘同秋色，其山水之狀，則高低秀麗，咫尺重深，石尖欲落，泉噴如吼，其近也若逼人而寒，其遠也若極天之盡，所畫圖障，人間至多，今寶應寺西院山水松石之壁，亦有題記，精巧之迹，可居神品也。」（註七），又同書《妙品上八人・王維》條云：「王維字摩詰，官至尚書右丞，家於藍田輞川，兄弟並以科名，文學冠絕當時，故時稱朝廷左相筆，天下右丞詩也，其畫山水松石，縱似吳生，而風致標格特出，今京都千福寺西塔院有掩障一合，畫青楓樹一圖，又嘗寫詩人襄陽孟浩然馬上吟詩圖，見傳於世，復畫輞川圖，山谷鬱盤，雲水飛動，意出塵外，怪生筆端，嘗自題詩云，當世謬詞客，前身應畫師，其自負也如此，慈恩師東院與畢庶子鄭廣文各畫一小壁，時號三絕，故庾右丞宅有壁畫山水兼題記，亦當時之妙，故山水松石，並居妙上品。」（註八），所謂題記，當然題的可能是一首詩，也可能是一篇短文，當然更可能是畫的標目，要不然畫中一個人在馬上作吟詩狀，如果不是畫家標出他是孟浩然，又誰會知道他是何人呢？更何況《全唐詩》中不見〈詩人襄陽孟浩然馬上吟詩圖〉一詩，除非它亡佚，要不然更反證了它是畫題，而不是一首詩。

我們由〈題畫詩〉中來看，徐安貞的〈題襄陽圖〉、郎士元的〈題劉相公三湘圖〉、戴叔倫的〈題天柱山圖〉、趙璜的〈題七夕圖〉、方干的〈題畫建溪圖〉、羅隱的〈題磻溪垂釣圖〉、懷素的〈題張僧繇醉僧圖〉，除了詩外，應該都有畫題才對。一幅風景畫或人物，若畫者不標出題目，一般人豈知那是何處風景，又何許人也。唐人繪畫，有畫題，我們可由白居易的〈九老圖〉及閻立本的〈步輦圖〉的文獻記載，可以得到鐵證。白氏〈九老圖詩并序〉云：「會昌五年三月，胡、吉、劉、鄭、盧、張等六賢，於東都敝居履道坊合尚齒之會，其年夏，又有二老，年貌絕倫，同歸故鄉，亦來斯會，續命書姓名年齒，寫其形貌，附於圖右，與前七老，題爲九老圖：：。」米芾《畫史．唐畫條》：「唐太宗步輦圖，有李德裕題跋，人後腳差是，閻令畫眞筆，今在宗室仲爰君發家。」（註九），徐邦達《古書畫僞訛考辨上卷閻立本步輦圖卷》載：「世傳唐閻立本步輦圖一卷，早見于宋米芾畫史一條：『唐太宗步輦圖，有李德裕題跋，人後腳，差是，閻令畫眞筆，今在宗室仲爰君發家。……宗室君發以七百千置閻立本太宗步輦圖，以孰絹通爲背畫，經梅便兩邊脫磨得畫面蘇落。』又元．湯垕《畫鑒》條：『閻立本畫……及見步輦圖，畫太宗坐步輦上，宮女三十餘人，皆曲眉丰頰，神采如生，兩朱衣髯官執笏引班，後有贊普使者服小團花衣及一從者，贊皇李節公（德裕）小篆題其上，唐人八分書贊普辭婚事，宋高宗題印完，眞奇物也。』二書所記都有李德裕題跋，因此可能是一件東西，而且是唐畫眞跡。」（註一〇），徐氏是鑒畫專家，其言必不差。再如米芾《畫史・唐畫條》曰：「道德經一卷，出相間不知何人畫，絹本，字大小不勻，眞褚遂良書，在范相堯夫家與馮京當世家，西昇經不同，雖有裴度柳公權跋，非閻令畫褚筆，唐人自不鑒爾。」（註一一），裴度、柳公權曾爲題跋，亦可作爲此節之旁證也。

【附註】

註　一　見《說文解字》第九篇上，頁四二一。藝文印書館印行。民國五十四年十月十版。

註　二　《爾雅》釋言第二，藝文印書館印行。百部叢書集成之八三。

註　三　《說文解字》第二篇下，頁八十四。書同註一。

註　四　《爾雅》卷三，釋言第二，頁四十二。藝文印書館印行。民國五十四年三版。

註　五　見許海欽所著碩士論文《論題跋》第二章〈題跋之內容〉，頁八十七。

註　六　見俞崑編著《中國畫論類編》第五編山水（上）頁五九七。華正書局出版，民國六十六年十月版。

註　七　朱景玄《唐朝名畫錄》，見《美術叢書》十六冊頁二十二。廣文書局印行。

註　八　同註七，頁二十五。

註　九　米芾《畫史》，見《美術叢書》第十九冊，頁六，廣文書局印行。
註一〇：《古書畫僞訛考辨》頁四十二。西元一九八四年十一月江蘇古籍出版社出版。
註一一：同註九。

第五節　畫　記

俞劍華曾編有《中國畫論類編》一書，錄唐代裴孝源〈貞觀公私畫錄序〉、張璪〈文通論畫〉、符載〈觀張員外畫松石序〉、朱景玄〈唐朝名畫錄序〉、白居易〈畫記〉、〈畫竹歌〉、元稹〈畫松詩〉、張彥遠〈歷代名畫記敘論〉及同書卷二〈敘師資傳授南北時代〉自「若論衣服車輿，土風人物……古今之名蹤，然後可以議乎畫」部分、「論名價品第」部分、「論鑒識收藏購求閱玩」部分、彥悰〈後畫錄〉、竇蒙〈畫拾遺錄〉、李嗣眞〈續畫品錄〉、張懷瓘〈畫斷〉、杜甫〈題畫詩〉、〈丹青引〉、〈畫馬贊〉、傳爲王維所撰的〈山水訣〉、〈山水論〉二篇，共收有十九篇，對收錄唐代論畫之作，厥功頗偉，但其收錄，雜題畫詩、論畫詩、畫記及畫論專著的序文於一堂，可謂紛雜之至，除畫論資料稍全外，題畫詩、論畫詩、畫記均遺漏甚多，筆者於題畫詩、論畫詩部分，已於前節詳論，現僅就畫記部分申敘如下：

畫記應不同於畫贊、題畫詩、論畫詩及畫題，它應是一篇文章，既非四言韻文或七言韻文的贊語形式，也不應是古體或近體詩形式，這種文章應該是論繪畫之理論，或記敘某畫之源流、技巧一類的文章，因此畫論專著的本文或序文，尚能算之為畫記，其他的贊及詩，以筆者淺見應再劃分為當。

在畫記的認定上，筆者以為較畫贊更難，因為在唐代有許多的戰陣圖、地輿圖、醫學上的導引圖，甚至銘鏡等器物的圖表等，若將其視為有藝術價值的繪畫記文，則難免魚魯莫辨，留人話柄，因此在爬羅剔抉之餘，一律割棄，僅就純繪畫的記文而予以整理。此外有些詔、奏、表、書、批、敕、狀、賦等文章，雖然談的內容是繪畫，但對繪畫的技巧、流程、欣賞等似毫無關聯，如太宗有〈賜李襲譽進忠孝圖書〉（全唐文卷十）、玄宗有〈以元元皇帝眞容應見宣付史館敕〉（全唐文卷二十五）、〈答李含光進紫陽觀圖敕〉（全唐文卷三十六）、〈答吳道子進畫鍾馗批〉（全唐文卷三十七）、德宗有〈令畫中宗以後功臣於凌煙圖詔〉（全唐文卷五十二）、顏師古有〈請撰王會圖奏〉（全唐文卷一四七）、崔融有〈進洛圖頌表〉（全唐文卷二百十七）、源涓有〈上雲氣圖奏〉（全唐文卷三百五十四）、杜甫有〈為華州郭使君進滅殘寇形勢圖狀〉（全唐文卷三百六十）、于邵有〈進畫松竹圖表〉（全唐文卷四百二十五）、王維有〈為畫人謝賜表〉、〈為曹將軍謝寫眞表〉、〈奉敕詳帝皇龜鏡圖狀〉（以上均見全唐文卷三百二十四）等等，均一概旁置。

唐代畫記除見於《中國畫論類編》者之外，尚有韓愈〈畫記〉、王藹〈祖二疏圖記〉、李紳〈蘇州畫龍記〉、舒元輿〈錄桃源畫記〉（以上均見唐文粹卷七十七）、李觀〈八駿圖序〉（唐文粹卷九十四）、王勃〈夏日宴宋五官宅觀畫障序〉（全唐文卷一百八十一）、王覿〈十八學士圖記〉（全唐文卷二百六十九）、劉長卿〈張僧繇畫僧記〉（全唐文卷三百四十六）、杜甫〈前殿中侍御史柳公紫微仙閣畫太一天尊圖文〉（全唐文卷三百六十）、錢起〈圖畫功臣賦〉（全唐文卷三百七十九）、崔損〈凌煙閣功臣賦〉（全唐文卷四百七十六）、柳宗元〈觀八駿圖說〉（全唐文卷五百八十四）、李翺〈八駿圖序〉（全唐文卷六百三十六）、白居易〈荔枝圖序〉（唐文粹卷九十四）、〈畫西方幀記〉、〈畫彌勒上生幀記〉、〈記畫〉（以上均見全唐文卷六百七十六）、王師簡〈下泊宮三茅君素像記〉（全唐文卷七百十六）、沈亞之〈古山水障賦〉（全唐文卷七百三十四）、司馬承禎〈上清含象鑒圖序〉、〈天地宮府圖序〉（以上均見全唐文卷九百二十四）、杜光庭〈丈人觀畫功德畢告眞醮詞〉、〈畫五嶽諸神醮圖詞〉（全唐文卷九百三十六）、郭圖〈胡氏亭畫記〉（唐文拾遺卷三十）、盧知猷〈蘆鴻艸堂圖後跋〉（唐文拾遺卷三十三），至少還有二十五篇以上。

第二章　唐代的詩與畫

第一節　唐代詩壇的盛況

唐代的詩歌，與宋詞、元曲、清之小說，在我國文學史上皆大放光芒。宋．計有功撰《唐詩紀事》，所錄凡一千一百五十家，清康熙年間敕編之《全唐詩》，綜計作家二千三百餘人，詩篇總數達四萬八千九百餘首，如合以晚近整理之《全唐詩外編》，則現存唐詩已逾五萬首，這些寶貴的文學遺產，足以睥睨全球，爲我華夏之光。明．胡應麟《詩藪外編》云：「甚矣！詩之盛於唐也，其體則三四五言，六七雜言，樂府歌行，近體絕句，靡弗備矣！其格則高卑遠近，濃淡淺深，巨細精粗，巧拙強弱，靡弗具矣！其調則飄逸渾雄，沈深博大，綺麗幽閒，新奇猥瑣，靡弗詣矣，其人則帝王將相，朝士布衣，童子婦人，緇流羽客，靡弗預矣！」（註一）近人劉建國云：「拉開我國文學的歷史畫卷，唐代詩歌是一個使人驚嘆的奇觀。唐代在我國經歷了二百八十多個春秋，比起我國二千多年的封建社會，算不得是一個很長的階段，但文學藝術之發展，特別是詩歌之繁榮，不要說中國整個封建社會的前後階段，即使當時的世界東西方，也沒有一個國家能夠與之媲美。」（註二），二人之說，誠非過論。

追究唐詩興盛之因，可說是衆說紛紜，劉大杰《中國文學發達史》臚列其因有四：一爲詩歌本身進化的歷史性。二爲政治的背景。三爲詩人地位的轉移。四爲新民族的創造力（註三）。劉氏之言大致不差。唐代稟襲齊梁文學之餘緒，加之以盛唐的政經繁榮，復以諸帝王的愛好提倡，唐代詩壇雲蒸霞漫，蔚爲奇觀，筆者以爲政經的繁榮及帝王的提倡尤爲重要。

唐自李淵建國，迄太宗之世，文治武功爲秦皇漢武後第一人，玄宗踵武文皇，號稱開元，自太宗迄玄宗世，非但全國統一，且長安幾爲世界文化之大都會，《新唐書卷五十一食貨志》載天寶年間：「……是時海內富貴，米斗之價，錢十三，青齊間，斗纔三錢，絹一匹，錢二百，道路列肆具酒食以待行人，店有驛驢，行千里不持尺兵。……」杜甫〈憶昔詩〉之二云：「憶昔開元全盛日，小邑猶藏萬家室，稻米流脂粟米白，公私倉廩俱豐實，九州道路無豺虎，遠行不勞吉日出，齊紈魯縞車班班，男耕女桑不相失，宮中聖人奏雲門，天下朋友皆膠漆，百餘年間未災變，叔孫禮樂蕭何律。……」（全唐詩卷二百二十）。《資治通鑑卷二百十六．天寶八年》載：「春二月戊申，引百官觀左藏，賜帛有差。是時州縣殷富，倉庫積粟帛，動以萬計，楊釗奏請所在糶變爲輕貨，及徵丁租地稅皆變布帛輸京師，屢奏帑藏充牣，古今罕儔，故上帥群臣觀之，賜釗紫衣金魚以賞之。上以國用豐衍，故視金帛如糞壤，賞賜貴寵之家，無有限極。」近人陳安仁亦云：「唐代中國統一，國威遠播，文化爲東亞之冠，日本學者僧侶，紛紛留學於中國，盡力灌輸中國文化。在那時的統治勢力，東達朝鮮，西達波斯，南抵印度。海路則從廣州出發，航行南洋群島間，西抵印度錫蘭島，最西入波斯灣，與阿拉伯帝國交通，貿易都很繁盛。在那時宗教很發達，除本宗儒道二教外，由阿拉伯傳入回教，由波斯傳入祆教景教，且因玄奘西行，赴印度求佛法，經十九年的時光，歸國極力繙譯經典，給中國的宗教界及繙譯界開展了途徑，唐代因不斷的向外發揚，帝國統一，政治登進軌道，遂造成開元天寶間歷史上的光榮時代。」（註四）謝海平君《唐代蕃胡生活及其對文化之影響》一書中云：「唐代文治武功，均臻極盛，其時蕃胡，慕義向化，梯山航海，輻湊並至，全國三分之一州郡，無不有其蹤跡，而廣州、揚州諸港，商胡動以千計，長安洛陽兩地，殆為國際都會。」（註五）。

貞觀、開元、天寶的盛世，造成了政治的安定及經濟的繁榮，這兩個條件是促成藝術與文學發達的基因，唐代盛時，帝王貴族生活極為豪華奢侈，《資治通鑑卷一九八》載太宗：「錦繡珠玉，不絕於前，宮寶台榭，屢有興作，犬馬鷹隼，無遠不致，行遊四方，供頓煩勞。」至於玄宗，承太平之餘緒，又因本人多才藝，雅好生活享受，後宮儲〈梨園〉以盡聲色之娛，張彥遠《歷代名畫記》載有韓幹畫的〈寧王調馬打毬圖〉，此處的寧王，即是玄宗的大哥李成器，原封宋王，後改封為寧王，兄弟二人競相玩樂。我們現由日本京都奈良大寺正倉院的許多唐之器具，如投壺、薰爐、柄香爐、漆胡瓶等，都有精緻的縷空和線刻，至於刀劍鞘上的鑲嵌亦極為精美，再如織布的印染方法，如臈纈、夾纈、纈纈等，唐代均已齊備（註六），即可知唐代經濟繁榮及物質享受的情形。藝術的陶冶與生活富足有密切的關係，生活物質條件不虞匱乏，才有精神領域的探索空間，也才有餘力去追尋美好的藝術成品，唐代詩人及畫家輩出，又產生了相當規模的詩論及畫論之作，想起來乃是理所當然之事。

除開唐代政經繁榮，有利高度的藝術產生之外，帝王對藝術提倡與愛好，也是促成唐詩興盛的原因。《舊唐書卷七十二·李百葯傳》載李百葯論太宗之言曰：「罷朝之後，引進名臣，討論是非，備盡肝膈，唯及政事，更無異詞，才及日晏，命才學之士，賜以清閑，高談典籍，雜以文詠，間以玄言，乙夜忘疲，中宵不寐。」《全唐詩》卷一亦載太宗云：「……初建秦邸，即開文學館，召名儒十八人爲學士，既即位，殿左置弘文館，悉引內學士，番宿更休，聽朝之間，則與討論典籍，雜以文詠，或日昃夜艾，未嘗少怠，詩筆艸隸，卓越前古，至於天文秀發，沈麗高朗，有唐三百年風雅之盛，帝實有以啓之焉。……」。《通典卷十五引沈既濟詞科論》曰：「初國家自顯慶以來，高宗聖躬多不康，而武太后任事，參決大政與天子並，太后頗涉文史，好雕虫之藝，永隆中始以文章選士，及永淳之後，太后臨天下二十餘年，當時群公百辟，無不以文章達，因循日久，寖以成風。」《新唐書卷二百零二·李適傳》云：「初，中宗景龍二年，始於脩文館置大學士四員，學士八員，直學士十二員，其後被選者不一。凡天子饗會遊豫，唯宰相及學士得從，春幸梨園並渭水祓除，則賜細柳圈辟厲，夏宴蒲萄園賜朱櫻，秋登慈恩浮圖，獻菊花酒稱壽，冬幸新豐，歷白鹿觀，上驪山，賜浴湯池，給香粉蘭澤，帝有所感，即賦詩，學士皆屬和，忘君臣禮法，唯以文章取幸。」《舊唐書卷九·本紀第九·玄宗下》載：「（天寶）十四載春三月丙寅，宴群臣於勤政樓，奏九部樂，上賦詩，效柏梁體。」

太宗、高宗、中宗、睿宗、玄宗，乃至以後的肅宗、德宗、文宗、宣宗、昭宗，均有詩作見于《全唐詩》，中間尤以太宗、玄宗之作聯映交輝，高宗調露二年四月，考功員外郎劉思立奏請進士科加試雜文（註七），高宗永隆二年八月敕：「如聞明經射策，不讀正經，抄撮義條，纔有數卷，進士不尋史籍，惟誦文策，銓綜藝能，遂無優劣，自今已後，明經每經，帖十得六已上者，進士試雜文兩首，識文律者，然後令試策，其明法並書算舉人，亦准此例，即爲常式。」（註八），許多學者，均以爲雜文即是詩賦，我們姑且不論此說是否爲確，但迄玄宗之時，制舉加考詩賦，則見於正史，《舊唐書卷九・玄宗下》曰：「上御勤政樓，試四科，制舉人策外加詩賦各一首，制舉加詩賦，自此始也。」顧炎武《日知錄卷十六・明經》條云：「唐制有六科……以詩賦取者，謂之進士，以經義取者，謂之明經。」自是而後，舉國士人以詩文爲通顯之津梁，竭力模作，竟至五尺童子恥不言文墨，唐代詩壇之盛，帝王之愛好是促成的重要因素，這是不容置疑的。

　　唐代詩作，上自帝王，下至走卒，皆能爲之，平常詩酒流連，固然要作詩，即送行、臥疾、赴任、酬謝、賞花、投宿、落第、讀書，無一不作詩，無處不作詩，因此形成了詩壇的瑰麗，放出萬丈的光芒。《新唐書卷一七四・元稹傳》云：「元稹……與居易名相埒。天下傳諷，號元和體，往往播樂府，穆宗在東宮，妃嬪近習皆誦之，宮中呼元才子。……」。《新唐書卷二百零三・文藝傳下》載：「（李益）每一篇成，樂工爭以賂求取之，被聲歌，供奉天子，至征人早行等篇，天下皆施之圖繪。」元稹所作之《白氏長慶集序》曰：「予始與樂天同秘書，前後多以詩章相贈答，予譴掾江陵，樂天猶在翰林，寄予百韻律體及雜體，前後數十詩，是後各佐江、通，復相酬寄。巴、蜀、江、楚間洎長安中少年，遞相仿效，競作新辭，自謂爲元和詩，而樂天秦中吟、賀雨諷諭閑適等篇，時人罕能知者。然而二十年間，禁省觀寺、郵侯牆壁之上無不書。王公妾婦、牛童馬走之口無不道，其繕寫模勒、衒賣於市井，或因之以交酒茗者，處處皆是。其甚有至盜竊名姓，苟求自售，雜亂間廁，無可奈何。予嘗於平水市中，見村校諸童，競習歌詠，召而問之，皆對曰：先生教我樂天微之詩，固亦不知予為微之也。又雞林賈人求市頗切，自云：本國宰相，每以一金換一篇，甚偽者，宰相輒能辨別之，自有篇章已來，未有如是流傳之廣者。」《舊唐書卷一百六十六・白居易傳》載白居易與元稹書，文曰：「日者聞親友間說，禮吏部舉選人，多以僕私試賦判為準的，其餘詩句，亦往往在人口中，僕恧然自愧，不之信也。及再來長安，又聞有軍使高霞寓者，欲聘倡妓，妓大誇曰：我誦得白學士長恨歌，豈同他哉？由是增價。又足下書云：到通州日，見江館柱間有題僕詩者，何人哉？又昨過漢南日，適遇主人集衆娛樂他賓，諸妓見僕來，指而相顧曰：此是秦中吟、長恨歌主耳。自長安抵江西三四千里，凡鄉校、佛寺、逆旅、行舟之中，往往有題僕詩者。士庶、僧徒、孀婦、處女之口，每有詠僕詩者，此誠雕篆之戲，不足為多，然今時俗所重，正在此耳。」以上典籍所載，說明了元白及李益詩作的受歡迎度，同時也間接的說明了唐詩的普及深入民間處，作詩、賞詩變成了唐人生活的一部分，其盛況可謂是空前並絕後了。

【附註】

註　一　見胡應麟《詩藪外編三・唐上》頁四七九。廣文書局印行。

註　二　見《全國唐詩討論會論文選》頁五六八之劉建國著〈試論唐代詩歌繁榮的基本原因〉一文。陝西人民出版社出版。

註三　見劉大杰《中國文學發達史》頁三二八至三三三。中華書局出版。

註四　見陳安仁著《中國近世文化史》緒論頁五至六。新安書局印行。

註五　見謝海平著《唐代蕃胡生活及其對文化之影響》頁一之導論。國立政治大學中文研究所博士論文。

註六　見李欽賢《中國美術東漸散論》頁五九至六〇。商務印書館出版。

註七　見《唐會要》卷七五。

註八　書名，卷帙仝右。

第二節　唐代畫壇的盛況

唐代自李淵建國，從武德戊寅而迄昭宗天祐乙丑（西元六一八至九〇五），共傳了二百八十七年。在這段期間，文治武功在中國歷史上均是一個很特殊的時代，尤其太宗、玄宗二帝，非但竭力擴大疆土，且特重文藝，鄭昶云：「……及李唐興，治平之時較久，太宗、玄宗又大擴疆土，西域南夷之來庭，文藝宗教之煥發，圖畫益以進步，則若名卉異葩，畢羅瑤圃，蔚爲大觀，實爲我國圖畫極盛時代。」（註一），張彥遠《歷代名畫記卷一》云：「太宗皇帝特所耽玩，更於人間購求，天后朝，張易之奏召天下畫工，修內庫圖畫，因使工人各推所長，銳意模寫，仍舊裝背，一毫不差。……」同書卷九又云：「唐高祖神堯皇帝、太宗皇帝、中宗皇帝、玄宗皇帝並神武聖哲，藝無不周，書畫備能，非臣下所敢陳述。漢王元昌，高祖神堯皇帝第七子，太宗皇帝之弟，少博學能書畫，武德三年封魯王，十年封漢王，爲梁州都督，坐太子承乾事廢，李嗣眞云：天人之姿，博綜伎藝，頗得風韻，自然超舉，碣館深崇，遺跡罕見，在上品二閻之上，漢王弟韓王元嘉，亦善畫，天后授之太尉，善畫龍馬虎豹，滕王元嬰亦善畫。」，由張彥遠《歷代名畫記》之言，我們可以看出唐朝皇帝及諸王侯的愛畫及能畫的程度。清・彭蘊燦編有《歷代畫史彙傳》一書，其卷一頁一三七至一三九止，列舉高祖、太宗、中宗、玄宗、昭宗、漢王元昌、韓王元嘉、滕王元嬰、江都王緒霍、嗣滕王湛然、寧王憲本共十一人爲善畫者，又《歷代名畫記》著錄唐代畫家二百零七人（註二），可謂洋洋大觀，並且這個數目只是到武宗會昌元年（西元八四一）爲止，宋・郭若虛《圖畫見聞志》則繼張氏而後，錄自會昌元年迄終唐之世，又得左全至王浹，共二十七人，合兩家所錄，共二百三十四人，《佩文齋書畫譜》所收則更多，共三百八十五人，帝族尚不在內，合以帝族十一人，則共有三百九十六人之多。

唐代生活的安定，物質的繁華，再加上帝王的提倡愛好，文學與藝術的勃興乃是理所當然之事，《舊唐書卷七十七・列傳第二十七・閻立德附立本傳》載：「立本雖有應務之才而尤善圖畫，工於寫眞，秦府十八學士圖及貞觀中凌煙閣功臣圖並立本之跡也。時人咸稱其妙，太宗嘗與侍臣學士泛舟於春苑，池中有異鳥，隨波容與，太宗擊賞，數賜詔坐者爲詠，召立本令寫焉。」《新唐書卷一百・列傳第二十五・閻立本傳》載：「既輔政，但以應務俗材，無宰相器，時姜恪以戰功擢左相，故時人有左相宣威沙漠，右相馳譽丹青之嘲。」《全唐文卷七》錄有太宗〈圖功臣像於凌煙閣詔〉，文曰：「自古皇王，褒崇勳德，既勒銘於鐘鼎，又圖形於丹青，是以甘露良佐，麟閣著其美，建武功臣，雲台紀其跡。……可並圖畫於凌煙閣，庶念功之懷，無謝於前載，旌賢之義，永貽於後昆。」于安瀾《畫史叢書》云：「及至唐明皇令吳道子與李思訓同畫嘉陵江山水於大同殿壁，王維自畫其山莊輞川圖，欣賞山水之美者，日益衆矣。」（註三），鄭昶《中國畫學全史》載：「當開元天寶間，承平日久，世尚輕肥，文人學士，皆得研習繪事，而玄宗又書畫備能，於畫尤有深得，墨竹爲其創作，當時名家如吳道子、李思訓等，同時並起，道子曾少以丹青之妙浪跡東洛，明皇知其名，召入禁中，授以內殿博士，改名道玄。」（註四）。

由以上的記載，太宗、明皇可說是隨時隨地不忘繪畫，甚而閻立本因畫材而竟至輔政，終因非宰輔器，而遭時人譏諷。

《歷代名畫記卷二》載：「貞觀、開元時代，自古盛時，天子神聖而多才，士人精博而好藝，購求至寶，歸之如雲，故內府圖書，謂之大備，或有進獻，以獲官爵，或有搜訪，以獲錫賚。」于安瀾《畫史叢書㈠頁二十七》下註云：「開元中有商胡穆聿，別識圖書，遂直集賢，告訐搜求。至德中，白身受金吾長史，改名詳。時有潘叔善，以獻書畫，拜官。遼東人王昌，括州人葉豐，長安人田穎，洛陽人杜福、劉翌，河內人齊光，皆別識販賣，此輩雖憐業好事，而跡類藩身，又有侍御史集賢直學士史維則，充使博訪圖書，懸以爵賞，所獲不少。建中四年，徐浩侍郎，自云昏耄，奏男璹前試國子司業，兼太原縣令竇蒙，蒙弟簡較戶部員外郎宋節度參謀臮，並皆別識，敕並用之，貞元初，有賣書畫人孫方顒，與余家買得眞跡不少，今有男盈在長安，頃年又有趙晏，皆爲別識也。」

布衣獻畫，竟受官爵，難怪彥遠之大父高平公曾進憲宗書畫，以求龍顏大悅了。唐代畫蹟記載最富者爲《宣和畫譜》，所載自閻立德以下凡七十七家，畫蹟凡一千一百八十六件，中間包括了道釋、人物、宮室、番族、山水、畜獸、花鳥七類，並且均屬卷軸者，至於壁畫，或飾於道院，或見於佛寺，或畫於墓穴，其數更是可觀，鄭昶《中國畫學全史第七章・唐之畫學》具有詳載。

壁畫可見者，據《新中國的考古發現和研究第六章頁五八二》載：「西安地區唐墓中，有一部份爲壁畫墓，據已發現資料統計，總數約二十餘座，……西安地區唐墓，早年被盜者甚多，但總的來看，隨葬品仍相當豐富，壁畫也有不少保存較好者，其中比較重要的墓葬，計有開府儀同三司上杜國淮安郡王李壽墓，輔國大將軍荊州都督虢國公張士貴墓、司徒并州都督鄂國忠武公尉遲敬德墓、右武衛大將軍鄭仁泰墓、銀青光祿大夫守司刑太常伯李爽墓、懿德太子墓、永泰公主墓、章懷太子墓、贈淮陽王韋泂墓、太子少保豫州刺史越王李貞墓、雲麾將軍右領軍衛將軍上杜國北平縣開國公鮮于庭誨墓、銀青光祿大夫行內侍省內侍員外蘇思勗墓、明威將軍檢校左威衛將軍高元珪墓等等。」（註五）。中共佔據大陸，自民國四十九年至五十一年間進行發掘永泰公主墓（註六），壁畫見於過洞、天井、甬道、前室、主室、墓道口等，計達八七・五公尺之長，我們由日人鈴木敬所著之《中國繪畫史上冊》所附之圖版四十來看永泰公主壁畫，非但線條勁健，且構圖完整而生動，眞有《畫史》所說：「呼之欲出」及「身若出壁」的感覺，再由《新中國的考古發現和研究》一書中所附彩版十七的章懷太子墓道「馬球圖」而論，其畫亦是生動兼勁健而有餘。

綜觀唐代之畫壇，非但人數衆多，且史冊所載具爲有極高成就之畫家，如《歷代名畫記卷九》載薛稷：「……尤善花鳥，人物雜畫，畫鶴知名，屛風六扇鶴樣，自稷始也。」同書卷十載畢宏：「……樹石擅名於代，樹木改步變古，自宏始也。」另王維被董其昌推崇爲文人畫之祖，下啓所謂南宗之畫派，皆具有開山宗師之架勢。鄭昶云：「其他畫家之有名者，若以藝論，善山水者，有畢宏等三十九家，善人物畫者，有張萱等三十家，寫貌則有許琨等十一家，畫花鳥者，則有殷仲容等八家，畫佛及寺壁者，則有楊庭光等十六家，畫龍則有劉洞微等四家，畫牛則有戴嵩等七家，畫馬則有陳閎等十一家，畫貓則盧弁著，畫雞則張昱、于錫、李察著，畫鷹則姜皎、貝俊著，畫虎則李漸著，畫火則張南本著，畫水則盧卓著，畫竹則蕭悅、張立、夢休、方著作、李審、于邵等著，畫鶴則薛稷、蒯廉著，畫海濤則李瓊著，畫樓台則檀智敏、尹繼昭著。畫盤車則董蕚著，畫牡丹則穆修己著，畫犬則趙博、李衡、齊旻、鍾師紹著，畫松石則有徐表仁、陳庶、楊炎、沈寧、鄭華原著，他若善雪景者，則有段贊，蠅蝶蜂蟬者，則有李逖，木蓮茘支，則有毋邱元，瀑布則有崔山人，蜂蝶雀竹，則有衛憲，鷺鷥則有斐遼、溫處士，地志圖則有李該，雲霓則有張敦簡，樓閣則有李約，畫雕則有白旻，畫水鳥則有強穎，蟲類則有陳恪，屋木則有桓言、桓駿，無不各有專長，以名於時，他如劉茂德、吳敏智、段去惑、陳銑、陳叓、唐彥謙、杜庭睦等，或兼長各藝，或獨得一祕，亦當時之名家也。」（註七）。漢代之畫以神仙、人物爲主，山水畫及其他題材之畫，尚不多見，到了唐代，因東西文化之交流，加上帝王的特殊愛好，畫壇可說是雲蒸爛漫，蔚爲大觀，由以上鄭氏之言，我們可以知道在那時幾乎各種題材均能入畫，在唐代的藝壇上，非但繪畫已茁壯、成熟，其他如書法、建築、雕刻等，均有特殊的成就，鄭昶云：「若論唐代在我國繪畫史之位置，實可稱爲中樞，蓋言人物畫，則能承先代之長而變化之，言山水畫，則能應當代之運而光大之，言花鳥畫，則能發萌孵化，爲後代培其元氣，凡我國重要之畫門，於唐代已皆裒然有集大成之勢，其後如五代如宋諸朝之繪畫，要無不以此爲崑崙而分脈焉。」（註八），鄭氏之言確爲的論。

【附註】

註　一　見鄭昶著《中國畫學全史》頁一一七至一一八。民國五五年十月台二版，中華書局印行。

註　二　《歷代名畫記》卷一載唐畫家：「卷九唐二百六人」，《畫史叢書》（民國六十三年三月初版。文史哲出版社印行，頁一三九）歷代名畫記校勘記曰：「合計二百七人，卷內標目二百六人誤。」，據筆者一一清點，確爲二百七人。

註　三　見文史哲出版社所出之《畫史叢書》頁三，于安瀾所作之前言。

註　四　書同註一，頁一二二。

註　五　《新中國的考古發現和研究》一書，爲僞中國社會科學院考古研究所編著，于一九八四年五月由北京文物出版社出版。

註　六　永泰公主，名李仙蕙，中宗第八女，武則天久視元年（西元七〇〇），嫁武則天姪孫武延基，大足元年（西元七〇一），以十七歲死。

註　七　《中國畫學全史》第七章。唐之畫學頁一六〇至一六二。

註　八　鄭昶《中國畫學全史》第七章。唐之畫學頁一二九至一三〇。

第三節　唐代的詩論

唐代的詩人衆多，詩作浩鉅，復以《文心雕龍》、《詩品》的影響，詩論專著也復不少，明・胡震亨《唐音癸籤》卷三十二曾據唐宋各志及焦氏《國朝經籍志》所載詩話一目諸書，稍加整理爲：

「唐人詩話：詩品一卷，李嗣眞撰。評詩格一卷，李嶠撰。詩格一卷，元兢、宋約撰。又一卷，王維撰。又二卷，詩中密旨一卷，並王昌齡撰。詩式五卷，詩議一卷，並皎然撰。金針詩格三卷，文苑詩格一卷，並白居易撰。詩格一卷，二南密旨一篇凡十五門，並賈島撰。大中新行詩格一卷，王起撰。詩例一卷，姚合撰，亦名極玄律詩例。炙轂子詩格一卷，王叡撰。文章玄妙一卷，任藩言撰。緣情手鑑詩格一卷，李弘宣撰。主客圖一卷，張爲撰。集賈島句圖一卷，李洞撰。國風正訣一卷，鄭谷撰。玄機分明要覽一卷，風騷旨格一卷，並僧齊己撰。流類手鑑一卷，僧虛中撰。詩體一卷，倪宥撰。雅道機要二卷，前卷不知何人，後卷徐夤撰。本事詩，唐孟棨撰。凡七類爲一卷。續本事詩，二卷，僞吳處常子依孟棨類續篇。抒情集二卷，盧瓌撰。」（註一）

此外，胡應麟《詩藪》卷二謂：「唐人詩話入宋可見者：李嗣眞詩品一卷，皎然詩式一卷、詩評一卷，王起詩格一卷，姚合詩例一卷，賈島詩格一卷，王叡詩格一卷，元兢詩格一卷，倪宥龜鑑一卷，徐蛻詩格一卷，騷雅式一卷，點化祕術一卷，詩林句範五卷，杜氏詩格一卷，徐氏律詩洪範一卷，徐衍風騷旨格一卷，歷代吟譜二十卷，金針詩格三卷，今惟金針、皎然、吟譜傳，餘絕不睹，自宋已亡矣。近人見宋世詩評最盛，以爲唐無詩話者，非也。」

王師夢鷗《初唐詩學著述考》總論中云：「胡氏辯明詩話之盛，不特宋世爲然，而唐代固已有之；其言甚是，唯據其引述者，大抵皆擷取鄭樵藝文略及宋史藝文志之記載，然此二書率皆勦取前人書目，未嘗考見原書，故傳寫多誤，不特撰者年世，往往前後倒錯，甚至雜以宋人著述，如所述唐人諸種詩話，元兢之時代……應與李嗣眞相接，不可列於賈島王叡之下；又歷代吟譜，陳振孫已言其爲蔡傳所撰，蔡傳生於北宋末葉，其書何得附入唐人詩話？可見胡氏之時，不特唐人詩話遺佚者多，即宋人纂集唐人詩格之書，如李淑之詩苑類格、陳應行之吟窗雜錄亦未經見，乃有此錯誤也。」（註二）

王師所言甚是，據陳坤祥《唐人論唐詩研究》第二章頁十四至十五曾歸納唐之詩話及詩格，謂亡佚者有六種，僞託者三種，殘存者有十種，全存者有二種，亡佚者六種爲：

㈠《詩品》一卷，李嗣眞撰。

㈡《詩格》一卷，王維撰。

㈢《大中新行詩格》一卷，王起撰。

㈣《文章龜鑑》一卷，倪宥撰。

㈤《文章玄妙》一卷，任藩撰。

㈥《國風正訣》一卷，鄭谷撰。

於《吟窗雜錄》僞託者三種：

㈠《詩格》一卷，魏文帝撰。

㈡《評詩格》一卷，李嶠撰。

㈢《金針詩格》一卷，白居易撰。

殘存者十種：

㈠《筆梁華札》，上官儀撰，見存《文鏡祕府論》中。

㈡《詩髓腦》一卷，元兢撰，見存同右。

㈢《唐朝新定詩體》，崔融撰。見存日人藤厚佐世《日本國見在書目》中。

㈣《詩格》二卷（通志作一卷），王昌齡撰，見存《文鏡祕府論》與《吟窗雜錄》中。

(五)《晝公詩式》五卷（四庫全書作一卷），皎然撰。

(六)《詩格》一卷，賈島撰，見存《吟窗雜錄》中。（直齋書錄解題、通考、四庫提要作二南密旨、宋志作詩格 密旨。）

(七)《炙轂子詩格》一卷，王叡撰。見存《吟窗雜錄》。

(八)《流類手鑑》一卷，虛中撰，見存《吟窗雜錄》。

(九)《雅道機要》二卷，徐衍撰，見存《吟窗雜錄》。

(十)《緣情手鑑詩格》一卷，李宏宣撰，見存《吟窗雜錄》。

全存者二種：

(一)《詩品》一卷，司空圖撰。

(二)《風騷旨格》一卷，齊己撰。

唐代詩論影響後世最鉅者，爲皎然之《詩式》及司空圖之《詩品》，皎然爲肯定「言外之意」之神韻旨趣之第一人，下啓司空圖及嚴羽、王士禎之神韻詩論，其書流傳至今則有二種不同之版本，即陸心源所藏之五卷本與以《說郛》爲主之一卷本，其實《詩式》原爲艸本，由於湖州長史李洪之點校，乃得刊行於世，迄宋之時，仍爲五卷本，今存宋人詩格叢書中，舊題陳應行《吟窗雜錄》，即收錄有《詩式》五卷、《詩議》一卷，但是到了南宋《竹莊詩話》卷一引鄭文寶〈答友人潘子喬論詩書〉，卻言唐僧著《詩式》三篇，迄清・紀昀撰《四庫全書》，皎然的《詩式》並未收錄，僅於卷一百九十七

〈詩文評類存目〉中，錄有《詩式》一卷，並云：「疑原書散佚，而好事者摭拾補之也。」可見乾隆之時，紀昀僅見有一卷本，並未見五卷本，故余嘉錫《四庫提要辨正》卷二十四詩文評類存目．皎然《詩式》條下云：「此書本五卷，而今僅存一卷，纔三十條，自是後人刪削不全。」考皕宋樓藏書志中有舊抄本《詩式》五卷，乃爲盧文弨舊藏，且盧氏跋云：「此書世有鐫本，俱不全，今乃得此五卷完備者，從兩漢及唐詩人名篇麗句摘而錄之，差以五格，括以十九體，此所以謂之式也。若世間本則虛張其目而已，豈知其用意之所在乎。……今又得此完本，因亟令人傳錄，讀杼山詩者，即以其所謂格與體者求之，不可知其撰造之有自乎。」由盧氏所言，故知其所謂五卷本，確爲《新唐書藝文志文史類》所載之《晝公詩式》五卷，而絕非由一卷本虛張其目而成，從此五卷本乃與一卷本又並復傳於世矣（註三）。

除《詩式》外，唐詩論之最著者，當推司空圖之《詩品》一書，其寫作方式，實以「贊體」出之，《文心雕龍．頌贊篇》曰：「讚者，明也，助也，昔虞舜之祀，樂正重贊，蓋唱發之辭也，及益贊於禹，伊陟讚於巫咸，並颺言以明事，嗟嘆以助辭也。」又云：「古來篇體，促而不廣，必結言於四字之句，盤桓乎數韻之辭，約舉以盡情，昭灼以送文，此其體也。」《詩品》的作者司空圖即是將其對詩的意見，以十二句四言詩表達出來，如對〈雄渾〉一種，文曰：「大用外腓，眞體內充，反虛入渾，積健爲雄，具體萬物，橫絕太空，荒荒油雲，寥寥長風，超以象外，得其環中，持之非強，來之無窮。」其他二十三種，依次爲沖淡、纖穠、沉著、高古、典雅、洗煉、勁健、綺麗、自然、含蓄、豪放、精神、縝密、疏野、清奇、委曲、實境、悲慨、形容、超詣、飄逸、曠達、流動，具以十二句的四言詩道出，其中許多論點，出自一己獨創之心裁，故司空圖自云：「愚爲詩爲文一也，所務得諸己而已，未嘗摭拾前賢之謬論。」（註四），其「象外之象，景外之景」說及「味外之首」、「韻外之致」說，下啓神韻派詩論之建立，可說是貢獻不小。

司空圖著述甚多，今存有「司空表聖文集」、「司空表聖詩集」各一，《全唐詩》卷六百三十二起，至卷六百三十四止，共輯存其詩三百七十一首，詩品二十四則，附於後，《全唐文》卷八百零七起，至卷八百十止，輯文有七十篇，而有關詩論方面之文，尚有〈與王駕評詩書〉、〈與李生論詩書〉、〈題柳柳州集後序〉、〈與極浦書〉及〈詩賦贊〉五篇。

【附註】

註　一　胡震亨《唐音癸籤》卷三十二。世界書局出版、頁二七二。

註　二　王師夢鷗《初唐詩學著述考》頁十一至十二。商務印書館出版。

註　三　皎然之詩論，除《詩式》外，據昔人著錄，尚有〈詩評〉、〈詩議〉、〈中序〉三種，其中之〈中序〉一卷，見錄於《澹生堂書目》，〈中序〉本爲卷中之序文，依鍾慧玲所作《皎然詩論之研究》頁三三之見，認爲其不可另出成書。至於〈詩評〉、〈詩議〉依羅根澤《隋唐文學批評史》之見，認爲其係一書，而〈吟窗雜錄〉中所謂的〈評論〉，乃是後人割〈詩議〉、《詩式》所湊成，而郭紹虞《中國文學批評史》第二章頁二〇八至二〇九亦以〈詩評〉蓋出人割裂爲之，且推測〈詩議〉爲《詩式》之一部份。

註　四　語見《司空表聖文集》卷三。

第四節　唐代的畫論

有唐一代，非但詩畫極爲發達，相對的；也促成了詩論及畫論的產生，固然談及繪畫的事情，早在《論語・八佾篇》即可見（註一），後來《周禮卷第三十九冬官考工記第六》（註二）、《莊子外篇田子方》（註三）等，均述及有關繪畫的事情，但是均是稍爲提及，並未有具體的專論，迄至南齊・謝赫之《古畫品錄》，方可稱爲畫論之第一部，唯著墨甚少，除提出六法之說（註四），影響後世頗鉅外，其他仍未足以成爲經典之作，而史書中有《史記》、文論中有《雕龍》，畫論中之圭臬，捨《歷代名畫記》而誰屬？《四庫全書總目提要》云：「……故是書述所見聞，極爲賅備。」（註五），余紹宋《書畫書錄解題》云：「是編爲畫史之祖，亦爲畫史最良之書，後來作者雖多，或爲類書體裁，或則限於時地，即有通於歷代之作，亦多有所承襲，未見有自出手眼，獨具卓裁如是書者，眞傑作也。」（註六），鄭昶《中國畫學全史》亦云：「國畫功用之偉大玄妙，前人固有論及之者，然言之透闢，當稱張彥遠。」（註七）。

以上所言，確爲的論。其實唐代之畫論最早者當推沙門彥悰所撰之《敘畫錄》，其書前有貞觀九年春三月十有一日之序（註八），唯其書僅錄二十六人，起自周中大夫鄭法士，迄至唐之李湊（註九），品評甚爲簡略，未能成一具體畫論之書。其次則爲裴孝源所撰之《貞觀公私畫錄序》（註一〇），收有陸探微等五十三人之畫作名，共二百九十一卷（註一一），但此書主要在收錄畫作之名，品評亦甚少，何能自成卓然大家？再下則爲竇蒙之《畫拾遺錄》，唯其書久已亡佚，現僅能以《歷代名畫記》中輯出，斷簡殘篇，自不足論。《畫拾遺錄》而後，當爲李嗣眞之《續畫品錄》爲最早，此書《美術叢書》輯錄自王世貞《畫苑本》，並將王氏之卷後附語一併收入，謂其：「盡剽取姚最之說，上中下三品姓名則最所無者，嗣眞遂不能措一辭其間，不愧於人亦甚矣。」其實李嗣眞著有二書，一爲《畫人名》一書，一則爲《續畫品錄》，叢書所輯，實爲姚最《續畫品》與《畫人名》二書合起來再竄改之僞作，眞正《續畫品錄》一書早已亡佚，今日僅能從《歷代名畫記》中輯出一鱗半爪，實爲可惜之至（註一二）。年代踵武《續畫品錄》者，當爲張懷瓘之《畫品斷》一書，唯此書亦早已亡佚，僅能從《歷代名畫記》中輯出四條小文而已（註一三）。《畫斷》之後，則爲張璪之《繪境》一書，其書惜早已失傳，《歷代名畫記》載有其文，僅四十七字而已。續《繪境》一書之年代，則應爲朱景玄之《唐朝名畫錄》一書，此書依張懷瓘《畫品斷》，分爲唐代畫家爲神、妙、能、逸四品，且於品格之中，略述畫家之事蹟，則爲空前之創作，鄭昶《畫學全史》對其極爲推重，且曰：「人各有敘，或言其師範之所自，或道其筆墨之精否，可謂名著。」筆者以爲唐之畫論除《名畫記》外，此書應列爲第二本重要之著作。唐宣宗時，張彥遠所著之《歷代名畫記》十卷，實爲唐畫論之壓軸之作，是書自「敘畫之源流」始，洋洋數萬言，非但見解精良，且許多唐朝散佚之畫論，均賴其得以保存，兪劍華《中國畫論類編》云：「是書能彙前代諸家之長而創一家之體，包羅宏富，眼光精審，中國有完備之畫史，自張氏始，誠不愧爲空前絕後之傑作，《解題》評歷代書籍，不輕許可，獨對此書，五體投地，具徵此書之價值，至其優點，余氏已加列舉……張氏對於畫學之功，可謂偉矣。……」（註一四）。

其書卷一敘畫之源流、敘畫之興廢、論畫六法、論畫山水樹石。卷二敘師資傳授南北時代、論顧陸張吳用筆，論畫體工用搨寫、論名價品第、論鑒識收藏購求閱玩，均是曠古之高論。卷三則敘自古跋尾押署、敘自古公私印記，論裝背褾軸、記兩京外州寺觀畫壁、述古之祕書珍圖。卷四始則記軒轅時畫家史皇，迄三國蜀之畫家諸葛瞻爲止。卷五則記晉之畫家。卷六則記宋之畫家。卷七則記南齊畫家。卷八則記陳、後魏、北齊、後周、隋之畫家。卷九及卷十則記唐之畫家，所敘分明而詳實。尤其前二卷，影響後世畫論甚鉅，盱之我國畫論，自其而後，鮮有可與之比擬者，即宋代郭若虛之《圖畫見聞誌》亦難望其項背，畫論之有《名畫記》，實爲寶中之珠玉也。

唐之畫論除上所敘外，尚有傳爲王維所作之〈山水訣〉、〈山水論〉二篇，但自古之學者專家，均道其爲僞作，《四庫全書總目提要》謂〈山水訣〉曰：「舊本題王維撰，詞作駢體，而句格皆似南宋人語，王縉編維集，亦不載此篇，明焦竑國史經籍志始著於錄，蓋近代依託也，明人收入維集，失考甚矣。」（註一五），于安瀾《畫論叢刊》上引余紹宋《書畫書錄解題》亦曰：「是編詹氏畫苑本凡二百九十二言，末附斷句六十言，唐六如畫譜本則有一千零十六言，關中石本又略異，俱言山水佈置之法，專尚規矩，疑爲南宋畫院之流所僞爲者，文格甚低，明．王孟端《書畫傳習錄》盛贊之，疑爲嵇承咸所附益者，趙松谷箋注王右丞集謂爲僞作是也。」俞劍華《中國畫論類編》第五編頁五九五按曰：「是編正史、三通均未著錄，縉編維集，亦未採入，文字亦甚平淡，疑非維作，不爲過當。」

至於〈山水論〉一文，《畫論叢刊》上．〈畫山水賦〉引《書畫書錄解題》云：「山水論一篇，舊題唐王維撰，此篇凡六百餘言，起首：『凡畫山水，意在筆先，丈山尺樹，寸馬豆人，遠人無目，遠樹無枝，遠山無石，遠水無波。』數語甚爲精到。疑右丞本有畫訣口授相傳，有此數語，後人乃傳益以成此篇，故多屬畫山水家常言，無甚精意。」（註一六），《中國畫論類編》第五編頁五九九按云：「此篇作爲王維之山水論者，有下列各書：㈠王氏書畫苑㈡佩文齋書畫譜㈢古今圖書集成㈣畫學心印㈤式古堂書畫彙考㈥中國畫學全史㈦書畫書錄解題㈧中國繪畫史㈨畫論叢編等九種。作爲荊浩之山水賦者有下列各書：㈠唐六如畫譜㈡四庫提要㈢畫苑補益等三種。所以此篇雖不一定是王維所作，但是可以肯定不是荊浩所作，因爲荊浩另有〈筆法記〉相當於《五代名畫補遺》等書上所云之〈山水訣〉，至《唐六如畫譜》與《畫苑補益》，荒謬錯誤，《四庫》已經指出許多謬誤，所以定爲荊浩作，毫無根據，至於王維，當然亦非必爲維作，即作亦不能同時寫出大同小異之兩篇，所以吾人仍認爲此等山水畫之口訣，不必是一個時代，一個作家之作品，可能是歷代畫家隨時傳授，隨時增加之作品。……」。

唐代的畫論，較具體者已如上述，其實唐代詩文鼎盛，如第一章中所論之題畫詩、論畫詩、畫贊、畫記等，均或多或少，或直接或間接敘及繪畫的理論，唯本論文限於篇幅，僅就「唐代詩論與畫論的專著」而予以探討，其他資料僅充作輔助的佐證，未能一一詳究，是爲憾耳。

【附註】

註 一 《論語・八佾》：「子夏問曰：『巧笑倩兮，美目盼兮，素以爲絢兮，何謂也？』子曰：『繪事後素』。」

註 二 《周禮卷第三十九・冬官考工記第六》：「設色之工：畫繢鍾筐㡛。」卷第四十冬官考工記第六：「畫繢之事，雜五色，東方謂之青，南方謂之赤，西方謂之白，北方謂之黑，天謂之玄，地謂之黃，青與白相次也，赤與黑相次也，玄與黃相次也，青與赤謂之文，赤與白謂之章，白與黑謂之黼，黑與青謂之黻，五采謂之繡。」又云：「凡畫繢之事，後素功。」

註 三 《莊子・田子方》：「宋元君將畫圖，衆史皆至，受揖而立，舐筆和墨，在外者半，有一史後至者，儃儃然不趨，受揖不立，因之舍。公使人視之，則解衣般礴臝，君曰：『可矣，是眞畫者矣。』」

註 四 謝赫《古畫品錄》：「六法者何？一、氣韻生動是也。二、骨法用筆是也。三、應物象形是也。四、隨類賦彩是也。五、經營位置是也。六、傳移模寫是也。」見廣文書局出版《美術叢書》第二十六冊。

註 五 《四庫全書總目提要》卷一百十二・歷代名畫記十卷條。

註 六 見華正書局出版俞劍華之《中國畫論類編》（上）頁三十八所引。

註七　鄭昶《中國畫學全史》頁一六三。中華書局出版。

註八　見廣文書局印行之《美術叢書》第二十六冊，其書余紹宋〈書畫書錄解題〉認爲原書已佚，係勦襲《歷代名畫記》而故意竄改而成。俞劍華《中國畫論類編》已駁之甚詳，可參華正書局出版之《中國畫論類編》（上）頁三八九。

註九　《四庫全書總目提要》以爲李湊乃明皇時人，彥悰則在太宗之世，據此又引《歷代名畫記》之言，謂其「傳寫又復脫錯，殊不足看也。」俞劍華《中國畫論類編》以爲李湊可能爲後人所妄增，而據此以爲其書全部爲僞作，殊失公允。

註一〇　其書在《美術叢書》中作《貞觀公私畫史》。黃賓虹、鄧實等編叢書時並將《四庫提要》卷一百十二對其書之論斷，置於書前，唯俞劍華編《中國畫論類編》據王世貞《畫苑》及《書畫譜錄》諸書，另輯有序文一篇。

註一一　據廣文書局印行之《美術叢書》第十三冊中之《貞觀公私畫史》，應爲二百九十一卷，但其書第二十六頁第一行云：「已前總二百八十一卷并無名畫十二卷計二百九十三卷」，顯然爲統計錯誤所致，蓋其書頁十之「右七卷袁蒨畫並是梁朝官本有太清年月號」之文「右七卷」應爲「右九卷」方是，蓋頁十之第一行「東晉高僧像三卷」誤計爲一卷。又同書頁二十五之文：「右十二卷皆甚精奇，隋朝以來私家搜訪所得，內三卷近陸探微，先無題記可考。」「右十二卷」之文，應爲「右十一卷」才是，蓋其著錄「黃帝戰涿鹿圖一卷、姜嫄圖一卷、禹貢圖二卷、燕太子丹圖一卷、蓄史圖一卷、孫氏水戰圖一卷、五岳眞形圖一卷、紀年詩意圖一卷、雜鬼神樣二卷」，何來十二卷耶？

註一二　俞劍華氏辯明此點甚詳，可參華正書局《中國畫論類編》（上）頁四〇一之按語。

註一三　俞劍華氏自《歷代名畫記》中曾輯出四條小文，可參華正書局之《中國畫論類編》（上）頁四〇二至四〇三。

註一四　同註十三，頁四十。

註一五　《四庫全書總目提要》卷一百十四・藝術類存目稱〈山水訣〉為〈畫學祕訣〉。于安瀾《畫論叢刊》亦稱〈山水訣〉為〈畫學祕訣〉。

註一六　〈山水論〉；《四庫全書總目提要》卷一百十二認為荊浩所撰，並稱之為〈畫山水賦〉。余紹宋《書畫書錄解題》已稱之為〈山水論〉。

第三章　唐代的詩人兼畫家

唐代的詩人兼畫家，由新、舊《唐書》、《全唐詩》、《全唐文》、《唐文粹》、《唐才子傳》、《全唐文記事》以及各畫論中歸納，有王維、白居易、薛稷、閻立本、劉方平、顧況、劉商、張志和、張諲、蕭祐、鄭虔、盧鴻一、杜牧、薛媛、王熊、齊皎共十六人，加上爲帝爲王之太宗、中宗、玄宗、韓王元嘉共有二十人之多，其他詩人如司空圖、皎然兩位詩論作者及宋之問、上官儀、陳子昂、杜甫、李頎、王昌齡、韋應物、劉禹錫、元稹、張九齡、戴叔倫、李商隱等，筆者在第一章中均論及其題畫詩或論畫詩，既然能題畫，想平日必愛好欣賞，至少是對繪畫有相當的接觸。尤其是詩論的二位作者，司空圖與皎然，他們不但對繪畫有研究，對書法亦極爲在行，如《唐文粹》卷七十七中，收有司空圖〈書屏記〉一文，以心之勁可由筆跡可見之說，實爲知書者之的論。再如皎然與大書法家顏眞卿爲莫逆之交，由《全唐詩》卷七百八十八中收有的聯句詩來看，幾乎每一首均有二人的參加，筆者認爲他們必組有定時的雅集，或詩社之類的活動，知交爲書法家，必對書法有相當的修養，《全唐詩》卷八百二十一收有其所作的〈張伯英艸書歌〉及〈陳氏童子艸書歌〉，更證明了他對書法的涵養。

本章之論，在探悉詩與畫的密切關係，以一個有程度的詩人，往往是一個書畫家，或是個欣賞者，詩與畫本源爲一，想是沒有甚麼問題的。

第一節　唐代詩畫家多才藝

才藝之事，往往一通百通，古今中外的才藝之士，例子多得不勝枚舉，如達文西（Leonardo da Vinci 西元一四五二至一五一九）不但是畫家、哲學家，並且是首度設計潛水艇與戰車艸圖的科學家，再如米開蘭基羅（Michelangelo 西元一四七五至一五六四）不但是畫家同時也是著名的雕刻家，在中國的唐代亦復如此，王維善音樂，又會繪畫，白居易精曉音樂、構築園林，薛稷詞學名家，兼工書畫，無一不是集一藝或數藝於一身者，現爲眉目清楚，一一整理如下：

太宗李世民：太宗文武雙全，非但精於戰陣（註一），且善書畫，宋搨之《淳化閣帖》〈歷代帝王法書第一部〉收有太宗之書法，《歷代名畫記》卷九曰其「藝無不周，書畫備能。」《全唐詩》卷一全部爲其詩作，既會武功又會作詩，且善書畫，當然是書畫兼備的才藝皇帝。

中宗李　顯：《全唐詩》卷二收有其作七首，觀其文筆均稱佳作，如其爲太子時所作之〈石淙〉一首：「三陽本是標靈紀，二室由來獨擅名，霞衣霞錦千般狀，雲峰雲岫百重生，水炫珠光遇泉客，巖懸石鏡厭山精，永願乾坤符睿算，長居膝下屬歡情。」以其二十餘歲的青年（註二）能有此作，亦屬聰明俊秀之士，《歷代名畫記》卷九亦曰其「藝無不周，書畫備能。」既能作詩，又會書畫，誠然亦爲詩畫家也。

玄宗李隆基：玄宗才華，世所公認，《舊唐書》卷八本紀第八曰其「……性英斷多藝，尤知音律，善八分書。……」且在後宮設有〈梨園〉，培養戲劇弟子，如今國劇界所膜拜之祖師爺，據吾師名鬚生楊傳英等所言，即爲唐明皇。此外詞中之〈雨淋鈴〉曲（註三），據云亦爲玄宗所創，《歷代畫記》卷九曰其「藝無不周，書畫備能」，《全唐詩》卷三全爲其一人之詩作，一人身兼數藝，誠爲難能也。

韓王元嘉：《舊唐書》卷六十四．列傳第十四：「元嘉少好學，聚書至萬卷，又採碑文古跡，多得異本，閨門修整，有類寒素。」《全唐詩》中僅收其〈奉和同太子監守違戀〉乙首，但出語不凡，氣象頗壯，《歷代名畫記》卷九亦曰其「藝無不周，書畫備能。」他藏書極多，又好學，復以會繪畫，亦爲詩畫兼具之才人。

閻立本：《歷代名畫記》卷九曰其：「有應務之才，兼能書畫，朝廷號爲丹青神化。」高祖武德九年的〈秦府十八學士圖〉及貞觀十七年的〈凌煙閣功臣二十四人圖〉，具出其手筆，《舊唐書》卷七十七．列傳第二十七將其傳附於其兄立德之後，中有文曰：「吾少好讀書」之語，《全唐詩》卷三十九收有〈巫山高〉一詩，不過下註：「一作閻復本詩」，他繪畫出名，又好讀書，以唐代詩風之盛，必會作詩，即《全唐詩》所收之一首非其所作，我們也可以斷言他是一個有才藝的人士。

薛稷：《舊唐書》卷七十三．列傳第二十三薛收傳下附有從子稷之傳，文曰：「自貞觀永徽之際，虞世南褚遂良時人宗其書跡，自後罕能繼者，稷外祖魏徵，家富圖籍，多有虞褚舊跡，稷銳精模仿，筆態遒麗，當時無及之者，又善畫，博採古跡，睿宗在藩，留意於小學，稷於是特見招引。……」《歷代名畫記》卷九曰其：「多才藻，工書畫。」又曰：「尤善花鳥人物雜畫，畫鶴知名，屏風六扇鶴樣，自稷始也。」。《全唐詩》卷九十三收有其詩作共十四首。由《舊唐書》、《畫記》之記載，我們可知薛稷相當的有才華，臨模他人之字，能至「當時無及之者」，實爲不易之事，習書者皆知，仿他人之畫尚且容易，仿他人之字則甚難，其書法能遒且麗，必爲極聰慧之人，《淳化閣帖》〈歷代名臣書法第四〉中收錄有其字，初唐四大書法家稷能名列其一，豈僥倖可致。又《畫記》曰其善畫鶴，鶴在國畫翎毛類中，其難之程度，習畫者均知僅次於孔雀，其眼、其爪、其毛、其頸，稍一處理不當，則全幅皆敗，薛稷善書、善畫，且善小學，實爲才藝之雋也。

白居易：《舊唐書》卷一百六十六・列傳一百十六：「居易幼聰慧絕人，襟懷宏放。」又同書卷一六〇・劉禹錫傳亦載居易：「詩筆文章，時無在其右者。」白居易除詩筆佳外，對音樂有「法曲歌」、「立部伎」、「華原磬」、「五弦彈」諸作，可見他對音樂極有研究，日人村松勇造所著《中國的傳統建築》認爲白氏乃中國造庭園之祖，侯迺慧《唐代文人的園林生活》博士論文亦贊同此見（註四），我們由杭州西湖的白堤之建，可確認白氏的確爲工程能手，此外白氏亦爲一出色畫家，關於此點，自古典籍，從未談及，筆者自《全唐詩》中逐條細讀，終於發現二首，可證其爲出色畫家，一爲卷四百三十五之〈畫竹歌〉，其序云：「協律郎蕭悅善畫竹，舉時無倫，蕭亦甚自祕重，有終歲求其一竿一枝而不得者，知予天與好事，忽寫一十五竿，惠然見投，予厚其意，高其藝，無以答貺，作歌以報之。……」蕭悅乃是唐代畫竹的第一高手，一生自負其畫，從不輕易與人，而居然主動贈畫與白居易，可見他對白居易之敬重。再由其詩中論畫竹之難與技，顯然他是畫竹高手。此外再由卷四百四十一之〈畫木蓮花圖寄元郎中〉一詩，曰：「花房膩似紅蓮朵，豔名鮮如紫牡丹，唯有詩人能解愛，丹青寫出與君看。」由此詩之題目，我們可以判定這幅木蓮花圖是白居易自己畫的，再由詩中之語「丹青寫出與君看」，更加強了白氏自畫的證據，以他作詩之嚴謹，每句必期老嫗皆解，想繪事亦必極爲認眞，能畫木蓮花贈人，匪一畫家而爲何？

王　　維：《舊唐書》卷一百九十下．列傳第一百四十下：「（王維）與弟縉俱有俊才，博學多藝。」《大唐六典》卷十四：「開元九年，王維二十一歲，進士及第後，即任大樂丞之職，唐代中央政府置有太常寺專掌邦國禮樂、郊廟社稷之事。」而大樂丞乃太樂署一位主官之一，隸屬太常寺下的八署之一，王維祖父冑曾爲協律郎，亦是主掌「六律六呂」之音樂之事，由此可見王維家學淵源，必精音樂，除詩與樂外，王維極精繪畫，被推爲文人畫之祖，世有公論，不必多費筆墨矣。

劉 方 平：《歷代名畫記》卷十．唐朝下：「工山水樹石，汧國公李勉甚重之。」《唐才子傳》卷三：「……二十工詞賦。」又曰：「神意淡泊，善畫山水，墨妙無前。」《全唐詩》卷二百五十一收有其詩二十六首，我們由皇甫冉所作之〈劉方平壁畫山〉：「墨妙無前，性生筆先，迴溪已失，遠嶂猶連，側逕樵客，長林野煙，青峰之外，何處雲天。」（註五），可知他除詞賦外，尤工繪畫。

顧　　況：《歷代名畫記》卷十：「……頗好詩詠，善畫山水。」又曰：「有畫評一篇，未爲精當也。」（註六），《唐才子傳》卷三：「……善爲歌詩，性恢諧，不修檢操，工畫山水。」《全唐文》卷六八六皇甫湜所作之〈唐故著作郎顧況集序〉：「……君出其間，翕輕清以爲性，結冷汰以爲質，煦鮮榮以爲詞，偏於逸歌長句，駿發踔厲，往往若穿天心，出月脇意外驚人語，非尋常所能及，最爲快也，李白杜甫已死，非君將誰與哉。」《全唐詩》自卷二百六十四至二百六十七均收其詩，可見亦爲一詩畫兼具之才人也。

劉　商：《歷代名畫記》卷十：「……少年有篇詠高情，工畫山水樹石，初師於張璪，後自造眞爲意。」《唐才子傳》卷四：「……樂府歌詩，高雅殊絕，擬蔡琰胡笳曲，膾炙當時，仍工畫山水樹石，初師吳郡張璪，後自造眞。」《全唐詩》卷三百零三：「……少好學、工文、善畫。」《全唐文》卷五三一武元衡所作之〈劉商郎中集序〉云：「……著文之外，妙極丹青，好事君子，或持冰素，越淮湖，求一松一石，片雲孤鶴，獲者寶之，雖楚壁南金，不之過也。」《全唐詩》自卷三百零三至三百零四收有其詩共九十八首，其中胡茄十八拍，其實是十八首合成，可見亦爲詩畫皆備之才藝之士也。

張志和：《新唐書》卷一百九十六．列傳第一百二十一曰其：「善圖山水，酒酣或擊鼓吹笛，舐筆輒成，嘗撰漁歌憲宗圖眞。」《歷代名畫記》卷十曰其「書跡狂逸，自爲漁歌便畫之，甚有逸思。」《全唐詩》卷三百零八收有〈漁父歌〉等五首詩（註七）。劉大杰《中國文學發達史》將其認作爲詞之最早作品之一（註八），他能詩詞，善書畫，當然是一個多才多藝的人。

張　諲：《歷代名畫記》卷十・唐朝下：「……明易象，善艸隸，工丹青，與王維、李頎等爲詩酒丹青之友，尤善畫山水。」《唐才子傳》卷二：「……明易象，善艸隸，兼畫山水，詩格高古。」《唐才子傳》之語顯然出自《歷代名畫記》，但卻多加了「詩格高古」之語，《全唐詩》中無收其詩，其詩作今已不見，但《全唐詩》卷一百二十五，王維有〈戲贈張五弟諲〉三首，中有「張弟五車書，讀書仍隱居，染翰過艸聖，賦詩輕子虛」之語，另同卷，有「故人張諲工詩善易卜兼能丹青艸隸頃以詩見贈聊獲酬之」一首，同卷另有「答張五弟」一首，卷一百二十六又有「送張五諲歸宣城」一首，此外；卷一百三十三李頎亦有「同張員外諲酬答之作」，中有「用筆能誇鍾太尉」之語，由此可見其人眞是多才多藝。

蕭　祜：《歷代名畫記》卷十：「畫山水，甚有意思。」又《全唐詩》卷三百十八：「蕭祜，字祐之，……善鼓琴、賦詩，精妙書畫。」（註九），今《全唐詩》中僅見其〈奉陪武相公西亭夜宴陸郎中〉及〈遊石堂觀〉二首，但典籍所載，亦足以說明他是詩人兼畫家了。

鄭　虔：《新唐書》卷二百零二：「……玄宗愛其才。」又曰：「虔善圖山水，好書。」復曰：「杜甫嘗贈以詩曰，才名四十年，坐客寒無氈。」可見他是一個多才多藝的畫家，所謂〈三絕〉之稱，其偉至乎？《歷代名畫記》卷九：「……好琴酒篇詠，工山水，進獻詩篇及書畫。」可見他是一個公認的才子。

盧鴻一：《舊唐書》卷一百九十二：「……少有學業，頗善籀篆楷隸。」《歷代名畫記》卷九：「……工八分書，善畫山水樹石。」《宣和畫譜》卷十：「頗喜寫山水平遠之趣。」又云：「畫艸堂圖，世傳以比王維輞川艸堂」，由以上之記載，可知他是相當多才多藝的。

杜　牧：《新唐書》卷一百六十六曰其「善屬文」。《唐才子傳》卷六：「牧美容姿，好歌舞，風情頗張，不能自遏。」《中國美術辭典》畫家部分頁二十九：「唐代詩人，書畫家。」（註一〇），又曰：「能繪事，相傳他臨摹顧愷之〈維摩百補圖〉爲潁州公庫之物，北宋米芾贊爲『精彩照人』『其屏風上山水林木奇石，坡岸如董源』米嘗尋善畫者臨摹，凡三寄蜡本，竟無一筆似者。」杜牧號稱小杜，甚享詩名，會書畫，善歌舞，誠爲一多才多藝之大詩人。

薛　媛：《唐才子傳》卷二：「……南楚材妻薛媛等，皆能華藻，才色雙美者也。」《

全唐詩》卷七百九十九：「薛媛善畫，妙屬文。」《中國美術辭典》畫家部分頁二十八：「唐代女畫家媛，一作瑗，……善詩文書畫。」今《全唐詩》卷七百九十九收有其〈寫眞寄夫〉一首。

王　熊：《歷代名畫記》卷十：「嘗與張燕公唱和詩句，善湘中山水，似李將軍。」張彥遠不輕易誇讚人，居然道王熊畫湘中山水，似李思訓，可見是一個善畫的名家。《全唐詩》卷九十八收有〈奉別張岳州説二首〉詩。

齊　皎：《歷代名畫記》卷十：「皎善外蕃人馬，工山水，學小楷古篆，善射，曉音律：：彥遠大父高平公有重名，皎每以書畫及篇章求知焉。至今予家篋笥中猶有齊君少年時書畫，觀其意趣雖高，筆力未勁，後見其功用至者，則雄壯矣。」善畫、善射、復曉音律，誠爲不可多得之才藝之士。

【附註】

註一　《舊唐書》卷二、本紀第二、太宗上：「高祖之守太原，太宗時年十八，有高陽賊帥魏刁兒自號歷上飛來攻太原，高祖擊之，深入賊陣，太宗以輕騎突圍而進射之，所向皆披靡，拔高祖於萬衆之中。」

註二　中宗於高宗永隆元年（西元六八〇）立爲皇太子，於弘道元年（西元六八三）即位皇帝，他生於顯慶元年十一月乙丑（西元六五六），因此斷定爲太子時爲二十餘歲之青年。

註　三　王灼《碧雞漫志》：「《明皇雜錄》及《楊妃外傳》云：『帝幸蜀，初入斜谷，霖雨彌日，棧道中聞鈴聲，帝方悼念貴妃，采其聲為雨淋鈴曲以寄恨。』」

註　四　此論文為羅師宗濤指導，通過於七十九年五月，對唐代文人的園林生活考證甚詳，自頁一三四至一四五，皆論及白氏造園之高妙技藝。

註　五　《全唐詩》卷二百四十九・皇甫冉一〈劉方平壁畫山〉。

註　六　顧況〈畫評〉一篇，今已亡佚，《全唐文》卷五百二十八至卷五百三十收有其文共三十九篇，中亦不見〈畫評〉一文。

註　七　〈漁父歌〉其實由五首小詩集成，同時也見於《全唐詩》卷八百九十・詞二之中，《全唐詩》內容龐大，分類困難，由此可見。

註　八　見劉大杰《中國文學發達史》頁五〇四，中華書局，民國五十六年一月初版。

註　九　蕭祐，又作蕭祐，《全唐詩》作蕭祐，其實乃一人，因《歷代名畫記》卷十明言他曾為桂州觀察使，《全唐詩》卷三百十八亦云：「蕭祐，字祐之。」又曰：「歷御史中丞、桂管防禦視察史。」可見其為一人。

註一〇　此書為上海辭書出版社於一九八七年十二月初版。

第二節　唐代詩畫家交遊情形

唐代詩畫家，除了爲帝爲王者外，大部分爲隱逸之士，且與佛、道二家，俱有密切的關係，他們結交仕宦之徒，與詩人相唱和，又因多才多藝，備受仕宦甚而帝王之禮遇，所以除極少數一、二人之外，絕大部分交遊相當廣闊，詩酒流連，探勝尋幽，名不欲而聲愈顯，利不求而益偏至，詩畫兼具的隱士們受人推重，爲人禮遇，這在別的朝代是不多見的。

一、帝王仕宦優遇隱逸之士

唐代帝王及仕宦者相當優遇隱逸之士，如太宗爲秦王時，即「徵求艸莽，置驛招聘。」（註一），在貞觀十五年，太宗又下〈求賢良限來年二月集泰山詔〉，其中云：「尚恐山林藪澤，藏荊隨之寶，卜築屠釣，韞蕭張之奇，是以躬撫黎庶，親觀風俗，臨河渭而佇英傑，眺箕潁而懷隱淪。」（註二），因此劉翔飛《唐人隱逸風氣及其影響》頁五曾云：「唐皇朝對於隱士、高人十分尊禮，在《唐大詔令集》裡可以看到許多徵召、表揚與授官艸澤遺民的記載，之所以如此，一方面是因爲唐室建立之初，頗得到一些隱士高人的傾力相助，如王珪、魏徵都成爲輔國的重臣。……」，以後高宗、玄宗、肅宗、代宗、穆宗等均有求隱士之詔，如《全唐文》卷二十七即有玄宗〈徵隱士盧鴻一〉詔，文曰：「朕以寡薄，忝膺大位，嘗恨元風久替，淳化未昇，每用翹想遺賢，冀聞上皇之訓，以卿黃中通理，鉤深詣微，窮太一之道，踐中庸之德，確乎高尚，足侔古人，故比下徵書，佇諧善績，而每輒託辭，拒違不至，使朕虛心引領，於今數年，雖得素履幽人之貞，而失考父滋恭之命，豈朝廷之政，與生殊趨耶。將縱欲山林，往而不能返乎？禮有大倫，君臣之義，不可廢也。今城闕密邇，不足爲勞，便敕齎束帛之貺，重宣斯旨，想有以翻然易節，副朕意焉。」玄宗對這位詩畫家的隱士，仰慕之忱，可謂溢於言表。《全唐文紀事》卷三十四高曠部分：「隱士朱君記靈池縣圖經云，朱桃椎者，隱士也，以武德元年於蜀縣白女毛村居焉，艸服素冠，晦名匿位，織履自給，口無二價，後居棟平山白馬溪大磐石，山石色如冰素，平易如砥，可坐十人，石側有一樹，垂陰布護於其上，當暑熾之月，茲焉如秋，桃椎休偃於是焉。有好古之士，多於茲遊，朱公或斲輪以爲資，前長史李厚德，後長史高士廉，或招以弓旌，或道以尺牘，並笑傲不答，太子少保河東薛公稷，初爲彭山令，聞其風而說之，乃作茄茨賦以贈焉。洎解印還京，假途就謁，其室已虛矣，但遺蹤宛然，訪於鄉里云。朱公或出或處，或隱或顯，蓋得道者，薛公題讚於其壁而還長安，復數年，鄉人時見朱公，而竟不知所在，其所隱之石，今亦不得，巨木之下，惟石洞存焉，近年石洞長亦閉塞，後宰邑好事者，刻賦爲碣，立於洞門官道之側，然鄉邑祈請焚香禱祝者，頗有靈應，自非得道證品，孰能與於此乎。」本身爲詩畫家的太子少保薛稷，亦甚重隱士朱桃椎，降尊紆貴，一心結納，可見隱士身價之高。

唐代詩畫家之中，如劉方平、顧況、劉商、張志和、張諲、鄭虔、盧鴻一，均爲隱逸之士，王維、白居易晚年好佛老，跡近隱士之流，他們浪跡天涯，飽覽山川，見滄海之奇，群山之峻，性來趣至，或作詩，或爲畫，所謂寄身於翰墨，委意於丹青，想來這是極其自然的事。

藝術工作者，必須花充分的時間以投入，終日汲汲於功名者，豈有餘暇以鑽研，唐代詩畫家往往並非高官厚祿者，而爲一群隱逸者流，其因在此。另一方面，藝術工作者，必須保有赤子之心，政治黑暗，官場澆薄，清純之士，最不耐勾心鬥角，唐代詩畫家最後大部分走上隱逸之一途，此亦是一因也。山川風物，最爲自然，白雲蒼狗，獸走鳥鳴，日與之爲伍，必心情開朗，胸襟遼闊，捉筆爲文，必氣呑雲夢，染之丹青，必漫妙天成，隱逸於當時，作品卻永垂於千古，造化之妙，豈機心者可妄而得之也。

二、詩畫家與道士之交往

唐代因以李姓建國，因此對同姓李的道教之祖老子特見推崇，不但道教得到特別的保護，道士道姑們更是交通王侯，貴傾朝野，如太宗在〈道士女冠在僧尼之上詔〉中云：「況朕之本系，起自柱下，鼎祚克昌，既憑上德之慶，天下大定，亦賴無爲之功。」（註三），高宗即位，對道教極見扶持，敕明經加試老子第二條，進士加試帖三條（註四），又敕令將道教經及孝經並列上經，凡貢舉人必兼通。迄至玄宗，更是對老子膜拜莫至，《全唐文》卷三十一有〈令寫元元皇帝眞容分送諸道并推恩詔〉，中云：「宜令所司，即寫眞容，分送諸道採訪史」又云：「有能明道德經及莊列文子者，委所由長官訪擇，具以名聞，朕當親試，別加甄獎。」又同書卷三十二又有〈尊道德南華經詔〉卷三十五有〈以元元皇帝眞容應見宣付史館敕〉及〈頒示箋註道德經敕〉，其對老莊之推崇，可謂無微不至，除提倡老莊外，對道士亦是殷勤眷顧，當時道士李含光，即特見榮寵，《全唐文》卷三十六中，關於褒獎、問疾、恩賜李含光之敕文，幾達二十首之衆，甚而於開元二十五年下詔，將道士女冠改隸崇正寺，竟與皇族並列，所謂上有所好，下必甚焉，道士及道姑的地位已是莫與倫比了。中唐而後，因天寶之亂，而道教漸衰，但方士之鍊丹與符咒祈禳，仍頗盛行，帝王爲了長生不老，喜食丹藥以滋補，據趙翼《二十二史箚記》卷十九唐諸帝多餌藥條，自太宗以降，憲宗、穆宗、武宗、宣宗均服丹藥而喪命，帝王喜長生之術，民間亦復如此。

唐代詩畫家與道士往來頻仍，要不然也表現出對道教的欽仰與親近之意，白居易晚年禮佛，但早年亦與道士相往返，其〈首夏同諸校正遊開元觀因宿玩月〉、〈永崇里觀居〉（以上均見全唐詩卷四百二十八）、〈舟中李山人訪宿〉（全唐詩卷四百三十一）、〈送張山人歸嵩陽〉（全唐詩卷四百三十五）、〈尋李道士山居兼呈元明府〉、〈尋王道士藥堂因有題贈〉（以上二首見全唐詩卷四百三十九）等詩，充分表現了他與道士的來往情形。號稱〈詩佛〉的王維，字號摩詰，終生禮佛不二，但亦與道士相往返，其好友李頎，即極喜與道士交往，王維有〈贈李頎〉詩，首二句即云：「聞君餌丹砂，甚有好顏色」（全唐詩卷一百二十五），另外其〈送張道士歸山〉（全唐詩卷一百二十六）、〈贈焦道士〉、〈贈東嶽焦鍊師〉（以上均見全唐詩卷一百二十七）等詩，在在證明了他與道士的密切關係。

唐代著名大詩人兼畫家，除杜牧沒有與道士相往返之詩作外，王維、白居易已如上敘，此外的詩畫家，如劉方平與李頎結識（註五），而張諲亦與王維、李頎相好（註六），李頎鍊丹修行，廣結道士，劉方平、張諲與之相識，必與道士亦有往返。

顧況晚年隱於茅山，據《唐才子傳》卷三曰其「鍊金拜斗，身輕如羽。」又曰：「非熊（況之子）後及第，自長安歸慶，已不知況所在，或云：得長生訣仙去矣。」可見他是得道之士，今《全唐詩》卷二百六十四收有其〈謝王郎中見贈琴鶴〉一詩，文曰：「此琴等焦尾，此鶴方胎生，赴節何徘徊，理感物自幷，獨立江海上，一彈天地清，朱絃動瑤華，白羽飄玉京，因想羨門輩，眇然四體輕，子喬翔鄧林，王母遊層城，忽如啓靈署，鸞鳳相和鳴，何由玉女床，去食琅玕英。」修道之士方見贈琴鶴，再由其詩中之語，更可見其爲一徹底之修道之士。《全唐詩》中有顧況之〈范山人畫山水歌〉（卷二百六十五）、〈送李道士〉（卷二百六十六）、〈題盧道士房〉（卷二百六十六）、〈題葉道士房（卷二百六十七）諸詩，可見他與道士們必有密切來往。

劉商晚年亦修道，《歷代名畫記》卷九：「……或云，商後得道。」《唐才子傳》卷四：「……好神仙，鍊金骨，後隱義興胡父渚，結侶幽人，世傳沖虛而去，可謂江海冥滅，山林長往者矣。」《全唐詩》卷三百零三至三百零四皆收劉商之詩，所來往者皆爲佛道之流，既然自己修道，必有道士相往返。

張志和，性高邁，《歷代名畫記》卷十謂其：「自稱煙波釣徒，著有玄眞子十卷。」《唐才子傳》卷三：「……居江湖，性邁不束，……兄鶴齡，恐其遁世，爲築室越州東郭，茅茨數椽，花竹掩映，嘗豹席欆屭，沿溪垂釣，每不投餌，志不在魚也。」在典籍之中找不出張志和與道士交往的證據，但由其生平、詩作，如〈太寥歌〉：「化元靈哉，碧虛清哉，紅霞明哉，冥哉茫哉，惟化之工無疆哉。」〈空洞歌〉：「無自而然，自然之元，無造而化，造化之端，廓然慇然，其形團圞，反爾之視，絕爾之思，可以觀。」等，顯然其具道家思想，既傾向於遁世歸隱，又深慕道家思想，其交往之人必有道士則可以斷言。

鄭虔：《歷代名畫記》、《唐才子傳》俱云：「高士也。」《唐才子傳》卷二並曰其與李白、杜甫爲密友，且其人與王維相識，既是高士，又與深交道士的李白、王維相識，其友必多道士者流，則可以斷言。

盧鴻一：《歷代名畫記》卷九：「一名浩然，高士也……隱於嵩山。」《唐才子傳》卷一：「……將行，賜隱居服，官營艸堂，鴻到山中，廣精舍，從學者五百人。」嵩山在唐時乃道觀群聚之地，我們再由《全唐詩》卷一百二十三收錄的〈嵩山十志〉十首的內容，也不難看出他道家思想特濃，其友必多道士，夫復何疑？

以上所論之唐代詩畫家，大都與道士相往返，道士主鍊丹辟穀，吐納陰陽，其性最接近大自然，爲詩作畫除功力之外，必須多增見聞，所謂「師法自然」是作詩作畫的最佳門逕，也無怪乎唐代詩畫家喜隱居和親近大自然了。

三、詩畫家與佛僧之交往

佛教自漢代傳入中土之後，直到隋唐之際而大放異彩，迄開元、天寶時止，已形成十大宗派，尤其安史之亂後，慧能之南派禪宗大盛於江南。此派之論，主習佛參禪之際，啓沃其心智，對我國文學與藝術發生了極大的影響。唐代皇帝除武宗滅佛外，其他大抵皆崇仰佛教，據《大唐六典》卷四的統計，玄宗時「凡天下寺總五千三百五十八所」，這數目已是相當的可觀，又據《癸辛雜識・前集》唐重浮屠條之記載：「唐世大夫重浮屠，見之碑銘，多自稱弟子。」更可見一般士人對佛之禮重。憲宗之時，尊佛亦甚，曾令群僧迎佛骨於鳳翔，並親自御樓以觀，舁入大內，又令諸寺遞迎供養，使得大文學家韓愈不得不冒死寫〈諫佛骨入京表〉，由典籍所載，不難知道佛教興盛之狀。

唐代詩畫家幾乎全部與佛僧有往來，尤其王維、白居易二人更是其中翹楚，王維晚年篤於信佛，與高僧大德素有往返，《全唐詩》卷一百二十五至卷一百二十八中，收錄其與佛僧往來及遊寺廟等的詩，近二十首之多，由〈別弟縉後登青龍寺望藍田山〉（卷一二五）、〈夏日過青龍寺謁操禪師〉（卷一二六）、〈青龍寺曇壁上人兄院集〉（卷一二七）三首詩可知，他經常至青龍寺遊玩，此外藍田山石門精舍、香積寺、感化寺、辨覺寺、悟眞寺、方丈寺等均曾涉足，至於佛僧如璿上人、釜山僧、燕子龕禪師、崇梵僧、曇興上人、道一法師等，均結識或深交。

白居易所交往之僧侶，據宋釋普濟所撰《五燈會元》之記載：「杭州刺史白居易，字樂天，久參佛光，得心法，兼稟大乘金剛寶戒。元和中，造於京兆興善法堂，致四問。十五年，牧杭州，訪鳥窠和尚，有問答語句，嘗致書於濟法師，以佛無上大慧演出致理，……復受東都凝禪師八漸之目，各廣一言，而爲一偈，釋其旨趣，自淺之深，獨貫珠焉。凡守任處，多訪祖道，學無常師。後爲賓客分司東都，罄己俸，修龍門香山寺，寺成，自撰記。凡爲文，動關教化，無不讚美佛乘，見於本集。」又釋贊寧《宋高僧傳》三集卷十惟寬傳云：「白樂天爲宮贊時，遇寬，四詣法堂，每來垂一問，寬答如流，白君以師重之。」由二書之記載，可知白居易與佛僧來往之緊密，《全唐詩》卷四百二十四至四百六十二全收其詩，如〈遊悟眞寺詩〉（全唐詩卷四百二十九）、〈春遊二林寺〉（卷四百三十）、〈宿東林寺〉（卷四百三十三）、〈登龍昌上寺望江南山懷錢舍人〉（卷四百三十四）、〈三月三十日題慈恩寺〉（卷四百三十六）、〈期李二十文略王十八質夫不至獨宿仙遊寺〉（卷四百三十六）、〈旅次景空寺宿幽上人院〉（卷四百三十六）、〈題流溝寺古松〉（卷四百三十六）、〈感化寺見元九劉三十二題題名處〉（卷四百三十七）、〈遊悟眞寺迴山下別張殷衡〉（卷四百三十七）、〈宿西林寺〉、〈晚春登大雲寺南樓贈常禪師〉、〈宿西林寺早赴東林滿上人之會因寄崔二十二員外〉、〈遊寶稱寺〉、〈正月十五日夜東林寺學禪倡懷藍田楊主簿因呈智禪師〉、〈遺愛寺〉（以上均見全唐詩卷四百三十九）等，可知他一生到過了多少的寺院。如滿大師、興濟法師、定光上人、明準上人、文暢上人、正一上人、廣宣上人、恒寂法師、與果上人、鳥窠和尚、凝禪師等，得於各文集之記載，與其有密切往來之佛僧，不下十餘人，唐代詩畫家，以王維、白居易入佛爲最深，誠非過論。

杜牧乃唐末之大詩人，一生浪蕩瀟灑，《新唐書》中找不出他與佛僧來往的憑證，但由《全唐詩》中，我們可以找出十九首詩，證明他與佛僧的來往關係，此十九首詩爲：〈偶遊石盎僧舍〉、〈題宣州開元寺〉（以上見全唐詩卷五百二十）、〈題揚州禪智寺〉、〈將赴宣州留題揚州禪智師〉、〈醉後題僧院〉、〈題禪院〉（以上均見卷五百二十二）、〈寄題宣州開元寺〉、〈宣州開元寺南樓〉、〈贈終南蘭若僧〉、〈早春題眞上人院〉、〈寄東塔僧〉、〈宿長慶寺〉（以上均見卷五百二十四）、〈題水西寺〉、〈暝投雲智寺渡溪不得卻取沿江路往〉、〈懷政禪師院〉、〈宣州開元寺贈惟眞上人〉、〈送太昱禪師〉、〈將赴京留贈僧院〉、〈行經廬山東林寺〉（以上均見卷五百二十六）。

唐代其他的詩畫家，如劉商晚年得道，世傳沖虛而去，可說是一個得道高士，但他與佛僧，如濬上人、道芬上人、湛上人等，均有往來。再如顧況晚年亦得道，相傳羽化而去，但他與佛僧永上人、石冰上人、絢法師、少微上人等亦有往來。總之；唐代佛學鼎盛，一般而言，帝王、士庶乃至方外隱者，均與佛僧有相當關係的交情，在思想、文化、生活等方面，唐代是一個大熔爐，具備了相當包融、開放的特色，當時的儒、道、釋三家，可說是並行而不悖，吳怡《禪與老莊》頁二八日：「事實上，在唐宋間的中國思想界根本是一個大熔爐，這時期，無論那一家、那一派的學說，都是兼有儒道佛三家的思想。」這也難怪唐代諸帝，如高祖、太宗、高宗、玄宗、德宗、憲宗、文宗、宣宗和懿宗朝都舉行過三教講論，集合儒道釋的名流於一堂，以求三教的調合與會三歸一爲主旨了。

【附註】

註　一　見《冊府元龜》卷九帝王部・禮賢。

註　二　見《唐大詔令集》卷一〇二、政事類・舉薦上。

註　三　見《唐大詔令集》卷一一三政事・道釋。

註　四　見《登科記考》冊一卷二。

註　五　《全唐詩》卷一百三十三，李頎有〈送劉方平〉一詩。

註　六　王維與李頎善，前已敘及。《全唐詩》卷一百三十二有李頎〈臨別送張諲入蜀〉，卷一百三十三有〈同張員外諲酬答之作〉，卷一百三十四有〈詠張諲山水〉，可見二人關係亦相當密切。

第三節　唐代詩畫家雅集情形

《四庫提要》曰：「宴集唱和始於金谷、蘭亭。」（註一），其實建安時代的南皮之會，實爲文人雅集之濫觴，曹丕〈與朝歌令吳質書〉云：「每念昔日南皮之遊，誠不可忘，既妙思之經，逍遙百氏，彈碁閒設，終以六博，高談娛心，哀箏順耳，馳騁北場，旅食南館，浮甘瓜於清泉，沈朱李於寒水，白日既匿，繼以朗月，同乘並載，以遊後園，輿輪徐動，參從無聲，清風夜起，悲笳微吟，樂往哀來，愴然傷懷。……」（註二）又〈與吳質書〉云：「昔日遊處，行則連輿，止則接席，何曾須臾相失，每至觴酌流行，絲竹並奏，酒酣耳熱，仰而賦詩，當此之時，忽然不自知樂也。……」（註三），史上所謂的〈建安七子〉即南皮之會的主要人物。迄至唐代，因民豐物裕，文風特盛，如三月三日的上巳除祓、九月九日的重九登高等節令，往往詩人或畫家雅集於一處，或飲酒或賦詩，所謂良辰、美景、賞心、樂事，詩畫家敏觸過人，尤易以物起興，因此唐代的詩畫家往往相互聚集，互酬詩文，再加上自太宗以下之君王幾乎均重文藝，相對的對民俗節慶，亦頗爲重視，《舊唐書》卷七・本記第七中宗、睿宗條：「庚戌令中書門下供奉官五品已上，文武三品已上并諸學士等自芳林門入集於梨園毬場，分朋拔河，帝與皇后公主親往觀之，三月甲寅幸臨渭亭修褉，飲賜群官，柳棬以避惡。……」玄宗之世，特重文學藝術，每年上巳之日，常在曲江亭褉宴群臣並賦詩，我們從趙良器的〈三月三日曲江侍宴詩〉（全唐詩卷二〇三）、陳希烈的〈奉和聖製三月三日〉（卷一百二十一）、王維的〈三月三日曲江侍宴應制〉（卷一百二十七）、杜甫的〈麗人行〉（卷二百十六）諸詩，均可看出當時的盛況，以後的德宗、憲宗、文宗、宣宗等帝，均有曲江亭賜宴群臣的紀錄，流風所及，民間也跟著特重除祓的節氣，詩畫家猶喜風雅，一旦英豪畢集，難免有爭奇鬥豔之思，因此在《全唐詩》中，關於祓褉、寒食等的詩，眞是不勝枚舉，詩畫家因吟詠或繪畫而結合，藉著節令雅聚一番，酒酣耳熱之際或高歌或詩詠，想來這是極其自然的事。

唐代詩畫家雅集的情形，我們由各典籍中不難找出充分的證據，其中最著名的要算白居易與劉禹錫、張籍、李紳等所組的詩會以及皎然與顏眞卿、陸羽、顧況等所組的詩會，現就資料所載，一一分述如下：

《新唐書》卷一一九．白居易傳：「初與元稹酬詠，故號元白，稹卒，又與劉禹錫齊名，號劉白。」《舊唐書》卷一六〇．劉禹錫傳：「禹錫晚年，與少傅白居易友善，詩筆文章，時無在其右者，常與禹錫唱和往來。」又《白氏文集》卷六八〈與劉蘇州書〉云：「然得雋之句，警策之篇，多因彼唱和中得之，他人未曾能發也。」由典籍所載，白居易先與元稹酬詠，稹卒，又與劉禹錫唱和，可見他們是經常往來並有詩作互酬的，但有詩作互酬，未必有定時定點的雅集，換句話說：未必有一定的詩會等的雅集，但由《全唐詩》卷七百九十所收集的聯句詩來看，裴度項下的聯句詩共有九首，出現共同聯句的詩人，共有劉禹錫、白居易、張籍、崔群、賈餗、行式、李紳七個人，而每一首均有劉禹錫的出現，而白居易也出現了七次之多，而張籍出現了六次之多，行式則出現了四次，李紳出現了二次，崔群、賈餗則僅出現了一次，再由九首聯句詩中的〈度自到洛中與樂天爲文酒之會時時搆詠樂不可支則慨然共憶夢得而夢得亦分司至止歡愜可知因爲聯句〉題目來看，既云〈與樂天爲文酒之會〉，顯然他們是有一個聚會的，至於同卷白居易項下的聯句詩，共有四首，全是居易本人、王起、劉禹錫共作，若不是有定時的聚會，豈會聯句之人每次皆相同？

唐代詩人之雅集，所在多有，如李益與廣宣上人經常雅聚，再如韓愈、孟郊、李翺等人亦經常雅集，再如成式、張希復、鄭符、昇上人等亦常聯句爲詩，皮日休、陸龜蒙、張賁等亦常聚會，《詩式》的大作者皎然更與潘述、湯衡、崔子向、陸羽、巨川、崔逵等人時相雅集為詩，至於詩畫家的雅集也就不算什麼了。

詩畫家雅集除白居易可找到證據外，再就是顧況與皎然曾有聯句詩作（註四），皎然是顏眞卿的莫逆之交，爲其詩會的一員，而顧況既參與皎然的雅集，想亦爲詩會中人。

唐代的詩會能得到後人公認，並認爲〈詩社〉之祖者，當推大詩畫家白居易的〈尙齒之會〉（註五），其詩會先有白居易、胡杲、吉皎、劉眞、鄭據、盧眞、張渾六老組成，後又加上李元爽、僧如滿二人，於會昌五年三月變成了九老詩社，他們皆是七、八十歲以上的老人，甚而李元爽爲一百三十六歲，如滿爲九十五歲的人瑞（註六），他們的雅集有固定的時間、地點、成員，並且每次聚會，必有酒宴賦詩，可說是具備了集會的一切條件，我們由胡杲的〈七老會詩〉：「閑居同會在三春，大抵愚年最出群，霜鬢不嫌杯酒興，白頭仍愛玉爐熏，裴回玩柳心猶健，老人看花意卻勤，鑿落滿斟判酩酊，香囊高挂任氤氳，搜神得句題紅葉，望景長吟對白雲，今日交情何不替，齊年同事聖明君。」以及張渾的〈七老會詩〉：「幽亭春盡共爲歡，印綬居身是大官，遁跡豈勞登遠岫，垂絲何必坐谿磻，詩聯六易猶應易，酒飲三杯未覺難，每況襟懷同宴會，共將心事比波瀾，風吹野柳垂羅帶，日照庭花落綺紈，此席不煩鋪錦帳，斯筵堪作畫圖看。」即可尋出當時雅集的端倪了。

【附註】

註　一　見《四庫全書總目提要》卷一百八十八・集部四十一《玉山名勝集八卷外集一卷》。
註　二　見《昭明文選》卷四十二。
註　三　同註二。
註　四　見《全唐詩》卷七百九十四〈送畫公聯句〉。
註　五　本論文曾於第一章第二節〈題畫詩〉部分及第一章第四節〈畫題〉部分，已二度引用〈九老圖詩〉之序文。
註　六　見黃志民博士論文《明代詩社之研究》第一章〈詩社源流考〉頁六。

第四章　詩畫合論之探討

第一節　詩畫相異論的主張

詩畫的關係自郭熙首揭其端之後，歷代論述者頗不乏人，但也有持相反意見者，認為詩畫是兩回事，詩既不是畫，畫也既非詩，並且功用不同，表達方式也互異，其實這種的觀點，東、西方皆有人提及，在我國最早的如王充在《論衡》〈別通篇〉中曰：「人好觀圖畫者，圖上所畫，古之列人也，見列人之面，孰與觀其言行？置之空壁，形容具存，人不激動者，不見言行也，古賢之遺文，竹帛之所載粲然，豈徒墻壁之畫哉？」他首先提出了詩、畫功用之不同，並且認為「文」的表達方式要廣泛得多，生動得多，所以古時列人的言行，要靠竹帛所載的文字以傳，換句話說；文要比畫實用多了。到了三國時代的陸機，他在〈文賦〉中云：「宣物莫大於言，存形莫善於畫。」已認定二者各有短長，他的意思是；述說一個東西或事物，沒有比文字更方便的，而保存一個東西的形象，卻是以畫來的方便，在他的觀念裡文與畫的功用是不分軒輊的。再到了唐朝《全唐詩》卷六百五十一收有方干〈項洙處士畫水墨釣台〉一詩：「畫石畫松無兩般，猶嫌瀑布畫聲難，雖云智慧生靈府，要且功夫在筆端，潑處便連陰洞黑，添來先向朽枝乾，我家曾寄雙臺下，往往開圖盡日看。」所謂「畫石畫松無兩般，猶嫌瀑布畫聲難。」似乎在說明繪畫要描繪出聲音是相當困難的，但他並沒有將文與畫或詩與畫對比，並且緊接著說：「雖云智慧生靈府，要且功夫在筆端。」似乎在說明一個畫家描繪瀑布，雖然聲音極難表達，但祇要功夫夠，筆端仍有表現的餘地，這已牽涉到藝術熟能生巧，由物象而能達意的問題，這種論點的確要比王充又進了一步。唐末《畫記》的作者張彥遠也曾論及畫與文的區別，《歷代名畫記》卷一云：「……記傳所以敘其事，不能載其容，賦頌有以詠其美，不能備其象，圖畫之制，所以兼之也。」同卷又云：「余嘗恨王充之不知言，云人觀圖畫上所畫古人也，視畫古人如視死人，見其面而不若觀其言行，古賢之道，竹帛之所載燦然矣，豈徒牆壁之畫哉！余以此等之論，與夫大笑其道，詬病其儒，以食當耳，對牛鼓簧，又何異哉！」張氏甚愛繪畫，竟發憤憤不平之論，文人之可愛亦見一般。我們這位畫論的大作者已直接指摘出王充之弊病，極度抬高了繪畫的功用及價值，觀其言不難看出他是認為繪畫的功用是要遠甚於文字的。

到了宋代，討論詩畫關係的詩文益見繁富，大部分主張詩畫乃互通之藝術，但也有不少主張二者互異者，如邵雍云：「史筆善記事，畫筆善狀物，狀物與記事，二者各得一，詩史善記意，詩畫善狀情，狀情與記意，二者皆能精，狀情不狀物，記意與記事，形容出造化，想像成天地，體用自此分，鬼神無敢異，詩者豈於此，史畫而已矣。」（註一），觀其所言，仍稟承了陸機〈文賦〉的思想，主張文與畫各有所長。再如羅大經云：「繪雪者不能繪其清，繪月者不能繪其明，……然則語言文字固不足以盡道也」。」（註二），陳著云：「梅之至難狀者，莫如『疏影』，而於『暗香』來往尤難也。豈直難而已，竟不可，逋仙得於心，手不能狀，乃形之言。」（註三），宋僧・參寥云：「『楚江巫峽半雲雨，清簟疏簾看奕棋』此句可畫，但恐畫不就爾。」（註四），張耒云：「『冷于陂水淡于秋，遠陌初窮到渡頭，賴是丹青不能畫，畫成應遣一生愁。』右行色詩，故待制司馬公所作也。……梅聖俞以詩名一時，嘗言詩之工者，寫難狀之景，如在目前，含不盡之意，見于言外，此詩有焉。」（註五）。

綜合以上各家之說，大致認爲繪畫難以表現香臭、清冷等抽象的東西，而認爲詩與畫各有功能，並且表現抽象無形的東西，要以詩文來得容易。

在西方也有詩畫互異的說法，如十五世紀的大畫家達文西（Lenaardo da Vinci）云：「詩人企圖用文字再現形狀、動作和景致，畫家卻直接用事物的準備形象來再造事物。」又云：「就處理的對象說，詩屬于精神哲學，畫屬于自然哲學；詩描述心靈的活動，繪畫研究身體運動對心靈的影響，……假如詩人要和畫家在描繪美、恐懼、凶惡或怪異的形象上展開競賽的話，……難道不是畫家取得更圓滿的效果嗎？難道我們沒有見過一些繪畫酷肖眞人眞事，以致人和獸都會誤以爲眞嗎？」（註六），達文西的意見，顯然是畫的功用是遠大於詩的。到了歐洲的啓蒙運動時期，赫爾德（Herder，西元一七四四至一八〇三）在其著作《批評之林》中曰：「語言不能代替色彩，口不能代替一枝畫筆。」（註七），顯然也是認爲畫勝於詩的。再如英國伯克（Edmund Burke，西元一七二九至一七九七）

主張一個欣賞者是從繪畫對事物的精確描寫，而得其形似，而詩乃是引起讀者和作者在感情上的共鳴，換句話說：畫以形似取悅於人，詩則是以共同之情來感動人（註八），他認為在傳遞的訊息上是有所不同的。

西方主張詩畫互異的最有力學者，當推十八世紀德國啓蒙主義的健將萊辛（Lessing），其《拉奧孔》一書，幾乎全部在討論詩和畫的關係，如其第十三章的大意即是說：詩中的畫不能產生畫中的畫，畫中的畫也不能產生詩中的畫，在第十四章中，並主張能入畫與否並不是判定詩好壞的標準，有的好詩並不能入畫，也有的好畫，並不能以詩描述它，站在他的立場，主張詩的功用較為廣泛，而畫的功用要遜色於詩。

【附註】

註一　邵雍《伊川擊壤集》卷十八〈史畫吟〉。

註二　羅大經《鶴林玉露》卷六，見《北京文學資料彙編》頁五一八引。

註三　陳著《本堂經》卷四四〈代跋汪文卿梅畫詞〉。

註四　《東坡題跋》卷三〈書參寥論林詩〉。

註五　張耒《柯山集》卷四五〈題跋記行色詩〉。

註六　此語引自伍蠡甫〈中國畫論研究〉一文，頁一九七，北京大學出版社一九八三年七月出版。

註　七　篇名同右，頁一七八。

註　八　伯克所著《論崇高和美兩種觀念的根源》一書，第五章。

第二節　詩畫共通論的意見

詩、畫在創作上有共同的屬性，這種說法，中西老早有之，如唐玄宗謂鄭虔詩書畫三絕，這已勾出了詩、畫並列的說法，再如《全唐詩》卷一百三十四的李頎〈詠張諲山水〉，詩云：「小王疲體閑支策，落月梨花空滿壁，詩堪記室妒風流，畫與將軍作勍敵。」又《全唐詩》卷四百四十一的白居易〈畫木蓮花圖寄元郎中〉詩，曰：「花房膩似紅蓮朵，艷色鮮如紫牡丹，唯有詩人能解愛，丹青寫出與君看。」都或多或少隱喻了詩、畫的關係，到了北宋的郭熙明揭：「詩是無形畫，畫是有形詩」後，詩畫的共通性幾已成定論，後經蘇東坡的發揚光大，歷南宋、元、明、清以至於今日，談論其相互關係者，可謂代不乏人，而中間談之甚力且影響最鉅者，我們不得不推被林語堂稱之爲天才的蘇東坡（註一），如他將吳道子與王維的畫對比，而作詩曰：「吾觀畫品中，莫如二子尊，道子實雄放，浩如海波翻，當其下手風雨快，筆所未到氣已吞，……摩詰本詩老，佩芷襲芳蓀，今觀此壁畫，亦若其詩清且敦。……吳生雖妙絕，猶似畫工論，摩詰得之於象外，有如仙翮謝籠樊，吾觀二子皆神俊，又於維也歛衽無間言。」（註二），蘇東坡的時代，尚有幸看到王維所繪的壁畫，並很肯定的說王維的壁畫像其詩般的清且敦，可見他認爲詩畫均俱有清且敦的共同特性。另外他又詠歐陽少師所蓄石屏，詩云：「何人遺公石屛風，上有水墨希微蹤，不畫長林與巨植，獨畫峨嵋山西雪，嶺上萬歲不老之孤松，崖崩澗絕可望不可到，孤煙落日相溟濛，含風偃蹇得眞態，刻畫始信天有工，我恐畢宏、韋偃死葬虢山下，骨可朽爛心難窮，神機巧思無所發，化爲煙霏淪石中，古來畫師非俗士，摹寫物像略與詩人同，願公作詩慰不遇，無使二子含憤泣幽宮。」（註三），他說：「古來畫師非俗士，摹寫物像略與詩人同。」很顯然的東坡認爲詩人與畫家的創作修養，是有相當的共同點的，一個畫師若無素養，少讀詩書，將成爲一個畫工、畫匠，這也就是他佩服王維超過吳道子的基本因素所在。他這種看法影響以後的畫壇甚鉅，也可以說是文人畫的眞正創始理論者，如近人李佐賢《書畫鑒影》引明代吳寬之語云：「右丞詩云：『夙世謬詞客，前身應畫師。』蓋自道也，右丞詩與李杜抗行，畫追配吳道子，畢宏、韋偃弗敢平視，至今讀右丞詩者則曰有聲畫，觀畫者則曰無聲詩。以余論之，右丞胸次灑脫，中無障礙，如冰壺澄澈，水鏡淵渟，洞鑒肌理，細現毫髮，故落筆無塵俗之氣，孰謂畫詩非合轍也。」吳寬的理論，可說全是由東坡引申而來，更說明了詩畫合轍的道理。宋代文同，字與可，與東坡甚爲友善，他是歷史上極著名的畫竹專家，東坡曾爲與可墨竹屛風作贊，文云：「與可之文，其德之糟粕，與可之詩，其文之毫末，詩不盡，溢而爲書，變而爲畫，皆詩之餘。」（註四），依其意，則書、畫皆詩之餘，這也無怪乎孔武仲曰：「文者無形之畫，畫者有形之文，二者異跡而同趣。」（註五）。張舜民曰：「

詩是無形畫，畫是有形詩。」（註六），黃庭堅曰：「李侯有句不肯吐，淡墨寫作無聲詩。」（註七），他們在書畫共通的理論上更奠定了穩固的基礎。

蘇東坡除以上提及有關論及詩畫關係的詩文外，見於《蘇軾詩集》的尚有三首，其一爲卷十五的〈韓幹十四匹馬〉，詩云：「二馬並驅攢八蹄，二馬宛頸騣尾齊，一馬任前雙舉後，一馬卻避長鳴嘶，老髯奚官騎且顧，前身作馬通馬語，後有八匹飲且行，微流起吻若有聲，前者既濟出林鶴，後者欲涉鶴俛啄，最後一匹馬中龍，不嘶不動尾搖風，韓生畫馬眞是馬，蘇子作詩如見畫。」其二爲卷之六的〈次韻吳傳正枯木歌〉，詩云：「天公水墨自奇絕，瘦竹枯松寫殘月，……古來畫師非俗士，妙想實與詩同出，龍眠居士本詩人，能使龍池飛霹靂，君雖不作丹青手，詩眼亦自工識拔，龍眠胸中有千駟，不獨畫肉兼畫骨，但當與作少陵詩，或自與君拈禿筆，東南山水相招呼，萬象入我摩尼珠，盡將書畫散朋友，獨與長鋏歸來乎？」，其三爲卷四十八的〈韓幹馬〉詩曰：「少陵翰墨無形畫，韓幹丹青不語詩，此畫此詩眞已矣，人間駑驥漫爭馳。」，東坡以才華著世，其一言一行影響後世甚鉅，因爲他一再強調詩畫的共同關係，於是這種論點逐漸爲北宋以後的人所採用，並相沿成風，認爲詩畫互通乃是理所當然之事，如白玉蟾云：「何人作此無聲詩，展開如入溪山境。」（註八）；楊萬里云：「小潘詩家子，解作無聲詩，八景俱妙絕，冷泉天下奇。」（註九），趙孟瀠云：「畫謂之無聲詩，乃賢哲寄興。」（註一〇），張栻云：「東坡戲作有聲畫，竹外一枝斜更好。」（註一一），錢鍪云：「終朝誦公有聲畫，卻來看此無聲詩。」（註一二），周密云：「無聲詩與有聲畫，一夕異事傳南州。」

（註一三），陳普云：「洞春豪傑士，妙筆出怪奇，寫就大宛根，可怪不可披，此畫豈易得，此手難再攜，敢將有聲畫，博君無聲詩。」（註一四），黃山谷云：「斷腸聲裡無形影，畫出無聲亦斷腸。」（註一五），張耒云：「我雖不見韓幹馬，一讀公詩如見者。」（註一六）。

因宋朝詩、畫家認定了詩畫關係，於是蔚然成風，到了宋徽宗的時代，其畫院竟以詩題甄試畫士，唐志契《繪事微言》〈名人畫圖語錄〉載：「馬醉狂述唐世說云：政和中徽宗立畫博士院，每召名公，必摘唐人詩句試之。嘗以『竹鎖橋邊賣酒家』爲題，衆皆向酒家上著工夫，惟李唐但於橋頭竹外，掛一酒帘，上喜其得鎖字意。又試『踏花歸去馬蹄香』，衆皆畫馬畫花，有一人但畫數蝴蝶逐馬後，上亦喜之。又一日試『萬綠叢中一點紅』衆有畫楊柳樓臺一美人者，有畫桑園一女者，有畫萬松一鶴者，獨劉松年畫萬派海水，而海中一輪紅日，上見之大喜，喜其規模闊大，立意超絕也，凡喜者皆中魁選。」楊愼亦云：「道君立畫苑，每試畫士，以詩句分其品第。」（註一七），鄭昶先生云：「甚至取士之法，於詩文論策外，兼試以畫，開從古未有之局，其法倣太學之試目，以敕令公布課題於天下，補試四方畫工。」（註一八），詩因唐代帝王之提倡而興盛，畫因徽宗之喜好而倡行，平劇因慈禧之嗜好而茁壯，爲政者酷愛藝術，則藝術必興盛，輕視藝術則藝術必式微，似乎乃千古之至理也。

西方論及詩畫的相互關係，最早要屬希臘詩人西蒙尼台斯（Simonides of Ceos西元前五五六至西元前四六七）的「畫爲無聲詩，詩是有聲畫」爲最早，後來柏拉圖、亞里斯多德都有論及詩與畫的關係，而西元前六五年出生的羅馬大詩人賀拉修斯（Horatius西元前六五至西元後八年）在他的著作《詩藝》裡更俱體的說：「詩歌就像圖畫，有的要近看才看出它的美，有的要遠看；有的放在暗處看最好，有的應放在明處看，不怕鑒賞家敏銳的挑剔；有的只能看一遍，有的百看不厭。」（註一九），所謂「詩歌就像圖畫」，已把詩與畫的關係講得相當徹底了。近代德國美學家勒弗拉恩費爾斯（R. Müller-Freinfels）把近代畫分為詩畫（Poesiemalerei）和純粹畫（Rein Malerei）兩種，錢鍾書先生認為也是詩畫關係延申所致，詩畫共通之論，殆無疑義。

【附註】

註一　林語堂曾著有『The Gay Genius』一書，即蘇東坡傳，意譯則為「一個快樂的大天才」Published by the John Day company in U.S.A. 1947。

註二　《蘇軾詩集》卷三，〈王維吳道子畫〉，頁一〇八。

註三　書同右，卷六，〈歐陽少師令賦所蓄石屏〉，頁二七七至二七八。

註四　《蘇東坡全集》卷一四，〈文與可畫墨竹屏風贊〉，頁一〇五。

註五　見孔武仲《宗伯集》卷一。〈東坡居士畫怪石賦〉。

註六　見張舜民《畫墁集》卷一、〈跋百之詩畫〉。

註七　見《黃山谷詩集註》卷第九〈次韻子瞻子由題憩寂圖〉二首之一。楊家駱主編《中國學術名著》〈文學名著第三集・第十冊・頁一〇四・世界書局出版。〉

註　八　《御定歷代題畫詩類》冊(二)、卷一四・頁五。〈白玉蟾題歐陽山水後〉。

註　九　書同註八。冊(四)卷二九。頁一四。〈楊萬里靈隱冷泉〉。

註一〇　見《中國畫論類編》頁九〇。台北華正書局。民國六六年版。

註一一　見孫紹遠《聲畫集》卷五。頁八八四。

註一二　《宋詩紀事》卷五九。〈錢鍪次袁尙書巫山詩〉

註一三　傳爲趙琦美所作的《鐵網珊瑚》卷十三。頁五六。

註一四　《御定歷代題畫詩類》卷九十二〈陳普以詩就葉洞春求畫葡萄〉。文見《景印摛藻堂四庫全書薈要》集部第一一〇冊。頁四三〇，世界書局出版。

註一五　孫紹遠《聲畫集》卷一。頁八一九。

註一六　《御定題畫詩類》冊(圭)。卷一〇四。頁八。〈張耒讀蘇子瞻韓幹馬圖〉。

註一七　見汪砢玉《汪氏珊瑚網畫繼》。頁六四。楊愼〈畫品試題〉。

註一八　見鄭昶《中國畫學全史》頁二三九。台北中華書局。民五十五年台二版。

註一九　朱光潛譯《論美與美感》頁五十至五十一。其文轉錄自賀拉修斯《詩藝》一書。一九六二年文學出版社印行。頁一五六。

第三節　唐代重要詩論與畫論產生的時代背景

唐代重要詩論，首推《詩式》與《詩品》，畫論則為《唐朝名畫錄》及《歷代名畫記》，四部作品以皎然《詩式》及朱景玄《唐朝名畫錄》時代較早，其餘則均產生於唐朝的末年。皎然之時代據鍾慧玲《皎然詩式之研究》謂其約生於開元末年或天寶初年，約卒於貞元末年至永貞元年之間（註一）。王潤華《司空圖新論》則謂皎然生於西元七二〇，卒於八〇〇年（註二），二人所推算的時代極為相近。雖然皎然要比司空圖、張彥遠等早生了約一百年，而與朱景玄的時代差不多（註三），可是面臨的時代，已是安祿山作亂之後，唐代面臨頹廢之時，肅宗上元初年，劉展亂及江淮，寶應迄代宗廣德年間，袁晁又擾於江南，雖然安祿山造反之時，皎然即已遁入空門，但兵燹不斷，中年又染目疾、腳病，這都是造成皎然心灰俗世，專心務學的重要因素。百年後的司空圖，其境遇也是差不多，據《舊唐書》卷一九〇下司空圖傳：「唐祚亡之明年，聞輝王遇弒于濟陰，不懌而疾，數日卒，時年七十二。」又據《全唐文》卷八〇七之〈休休亭記〉，文云：「自開成丁巳歲七月，距今以是歲是月作是詞，亦樂天作傳之年，六十七矣，休休乎，且又殁而可以自任者，不增愧負於國家矣，復何求哉，天復癸亥秋七月二十七日，耐辱居士司空圖記。」若據其所書之〈休休亭記〉而考証，天復癸亥年是昭宗天復三年，也就是西元九〇三年，上推六十七年，恰是文宗開成二年，也就是西元八三七年，在他這一生當中，碰到了王仙芝、黃巢、朱溫等之兵亂，世道衰微，人心浮泛，他後隱中條山之王官谷，日與名僧高士遊詠，未嘗不是逃世的思想。至於《歷代名畫記》的作者張彥遠，其生卒年據《中國美學資料選編》上卷、頁三七九曰：「張彥遠（八一五至八七五），字愛賓，原籍河東（今山西永濟縣），唐代畫論家。乾符中，官至大理寺卿，所作《歷代名畫記》十卷，成書於唐末大中元年（公元八四七年）……」他的去世，距朱全忠篡唐也只不過三十年左右，也可以說與司空圖是同一時代的人。大時代的動亂，任何人均難倖免，所以本節之論，即來討論這四本著作產生的時代背景。

一、時代之傳承：南北朝時，鍾嶸作《詩品》，劉勰作《文心雕龍》，此二書影響後世之文學批評甚鉅，到了唐代，文評之風極盛，本論文第二章第三節已詳論之，皎然、司空圖晚年隱於山林，閒暇頗多，感山林之氣，悟文學之要，著手寫作，乃極其自然之事，至於畫論之作，想亦復如此，具體繪畫之理論，亦產生於南北朝時，宋之宗炳〈畫山水序〉、王微〈敘畫〉，以至到南齊謝赫之〈古畫品錄〉，已啓具體畫論之端倪。唐代有關評畫之作，比比皆是，本論文第二章第四節亦已談及。到了朱景玄及張彥遠的時代，因風會所趨，振鑠千古的畫論，《歷代名畫記》因而產生。

二、道釋思想之普及：唐代道釋思想之普及，中國歷史上其他各朝代均難與之相比，此現象本論文第三章中已論及，再加上唐代中葉以後，紅羊浩劫不斷，雖然道教漸漸陵夷，但佛教仍然極爲倡行，尤其禪宗思想影響極大，這種思想形成了唐代隱逸山林之風。嚴耕望《歷史研究叢稿》曰：「其後學官日衰，而士子讀書山林者，卻日見衆多，中葉以後，中央大學鞠爲茂草，而讀書山林寺院，論學會友，蔚爲風尚，及學成乃出應試以求聞達，而宰相大臣，朝野名士亦即多出其中。」（註四），唐代中葉以後之大詩人如顧況、李頎、杜荀鶴、李商隱、盧鴻一、張諲、杜牧、白居易等均曾隱居終南、華山、廬山等處習業讀書。《唐才子傳》卷四李端條：「（端）少時居廬山，依皎然讀書。……大歷五年進士擢第。」可見皎然曾隱於廬山而授業，而後來之司空圖亦復如此，如王潤華《司空圖新論》曰：「中條山在中唐以來，已形成中國北方文人麋集的中心，他們在山中寺觀或別墅中設館授徒，唐代考上科舉的人士，很多曾授業於山林中，司空圖本人就是如此。」（註五），二人隱逸之風是如出一轍的。

三詩畫藝術之受重視：唐代文風特盛，開國盛世固是如此，中葉之後，其風仍不減當年，尤其玄宗制舉加試詩賦以後，逐漸形成唐人取士重文學的風氣，嚴耕望《唐史研究叢稿》序言即云：「唐人取士重文學，文學尚性靈。」所以《詩式》與《詩品》的出現乃是時代的趨勢，又彼時文人皆以繪畫為能事，一筆在手，或書或畫，方顯出一己之才學，這也是唐代畫贊、畫記、論畫詩等特多原因。皎然與顏眞卿為莫逆交，顏魯公乃一代大書法家，皎然對書藝必有相當的涵養，又皎然的作品在《全唐詩》中收有其論畫詩達五首之多，可知他對繪畫亦極為在行。至若司空圖在《全唐文》中，收有其〈送衈書僧歸楚越〉及〈書屏記〉二文（註六），可知他精研書法，此外又有〈三賢贊〉見於《唐文粹》卷二十三及〈李翰林寫眞贊〉見於《全唐文》卷八〇八中，可知他書畫非但能欣賞，且是頗為精研的人。至於張彥遠，《歷代畫記》卷一曰：「家代好尙，高祖河東公，曾祖魏國公相繼鳩集名跡。」又曰：「元和十三年，高平公鎭太原，不能奉承中貴，為監軍使內官魏弘簡所忌，無以指其暇，且騤言於憲宗曰：『張氏富有書畫』，遂降宸翰，索其所珍，惶駭不敢緘藏，科簡登時進獻，乃以鍾、張、衛、索眞跡各一卷（註七），二王眞跡各五卷，魏、晉、宋、齊、梁、陳、隋雜跡各一卷，顧、陸、張、鄭、田、楊、董、展及國朝名手畫合三十卷（註八）……又別進玄宗馬射眞圖……其書畫並收入內庫。」又《四庫全書總目提要》曰：「案唐書稱彥遠之祖宏靖家聚書畫，侔祕府，李綽尙書故實，亦多記張氏書畫名蹟。」可見彥遠家乃簪纓世胄，書香門第，今《全唐詩》中並未收有張彥遠任何詩作，但僅憑《歷代名畫記》一書，也足證他是文學、繪畫二者兼具的大作家了。

【附註】

註一　參政大中文研究所碩士班畢業論文，鍾慧玲作《皎然詩式研究》・頁二及頁九。

註二　參王潤華《司空圖新論》第七章〈司空圖詩品風格說之理論基礎〉頁一六四・東大圖書公司・一九八九年出版。

註三　朱景玄生卒年不詳，《四庫全書總目提要》卷一百十二・藝術類一・曰其：「吳郡人，官翰林學士，圖畫見聞志作朱景眞，避宋諱也，」《書畫書錄解題》、《中國畫論類編》、《中國美學史資料選編》等書，對其生卒年均未有進一步之闡述，僅《中國畫論類編》曰其《唐朝名畫錄》作於公元七六〇年前後，則朱景玄之時代與皎然之時代，應頗爲相近。

註四　見嚴耕望《歷史研究業稿》第八篇〈唐人習業山林寺院之風尚〉・頁三七。

註五　同註二之引書，第三章〈司空圖在中條山王官谷的隱居生活考〉，頁六十五。

註六　《全唐文》卷八〇七。

註七　應指鍾繇、張芝、衛瓘、索靖四人。

註八　應指顧愷之、陸探微、張僧繇、鄭法士、田僧亮、楊契丹、董伯仁，展子虔八人。

第四節：詩論與畫論合論基礎的確定

本論文在本章第一節中，曾論及東西方許多學者對詩畫相異的主張，似認詩畫表現手法有異，功能不同。現就此觀點，再作一進步之研討，以尋出詩畫共通論的堅定立論基礎。《文心雕龍》〈明詩篇〉云：「大舜云：『詩言志，歌永言。』」又云：「人稟七情，應物斯感，感物吟志，莫非自然。」《文心》之言，可以說一語道破了文學藝術的基本奧秘所在。一位詩人爲什麼要作詩？那是因爲他有一份充沛的感情想宣洩，透過了文字的琢磨冶鍊，用最精鍊的文字組合，傳達了他心中想表達的思想、感情。例如李白的〈夜思〉（亦題作靜夜思）：「床前明月光，疑是地上霜，舉頭望明月，低頭思故鄉。」全詩總共不過二十個字，可是一個五歲之童與一個飽經離亂的遊子讀這首詩時，顯然有不同的效果，世上那有五歲稚童讀這首詩時而感動的嗚咽涕零的？同樣的一首詩，讀的千百人，可是各個感受不同，其因何在？這就牽涉到文學藝術本身只不過是一個物象而已，它要經過認知傳達的過程，最後完成達意抒情的目的。吾師　仲華先生曾說：「每個人欣賞詩時，各人所能領略的境界，都是性格、情趣和經驗的反照。」（註一），所謂性格、情趣、經驗三者，這正是文學藝術的根本命脈所在，再加上表達的功夫，就綜合成一個藝術成品的存在。一個鑑賞者，他與創造者的性格、情趣經驗愈能接近愈能吻合，他就愈能體會作者所要表達的情意，換句話說他就愈欣賞那件藝術作品。詩是如此，畫也是如此，有人謂王之渙的〈出塞〉為唐詩壓卷之作，有人偏喜王昌齡的〈出塞〉一詩，而也有人謂李商隱之詩乃唐詩之桂冠。見仁見智，各有說詞，這就是千古以來藝術爭喋不休難下定論的原因。范寬的〈溪山行旅圖〉固然有人嘆為觀止，而同樣的郎世寧的〈百駿圖〉也有人叫好不止，連路邊攤幾不成形的笑彌勒圖，當然也有人懸之高壁，視為大作的了，陽春白雪，下里巴人，其間何能以道里計。

詩的物象是文字，畫的物象是線條與色彩，文字不經詩人的創作組合，不成為詩，線條色彩不經畫家的經營製作就不成為畫，在物象的基本上來看，二者的確有所不同，可是後來為什麼會達成抒情、傳意的相同效果呢？以下就此論點作進一步的解析。

王充在《論衡》〈別通篇〉中的話，認定畫不能表現人之言行，提出了畫不及文的說法，還有方干有「猶嫌瀑布畫聲難」的認定。其實他們僅是就藝術的基本物象而論，而捨棄了認知和傳達的過程。換句話說只看到了作品的表面，完全關閉了認知傳達的感應性。這就像一個小孩子撿到了一個鑽石，而把它當一塊石頭一般，藝術缺少了暗示與聯想的中介，詩與畫就形同廢紙一般，這也像一個不懂阿拉伯文的人，手捧著阿文的可蘭經，最終的下場是把它丟到字紙簍裡，所以宗白華曰：「景、情、形是藝術的三層結構。」（註二），所謂睹物思人，觸景生情，眼見一首詩或一幅畫，經過了腦的知覺共識，觸動了心靈的感應，才達成了文學藝術的成果，這種理論其實莊子在〈逍遙遊〉裡也曾有過類似的看法，他說：「連叔曰：『然，瞽者無以與乎文章之觀，聾者無以與乎鐘鼓之聲，豈唯形骸有聾盲哉？夫知亦有之。……』」所以瞎子眼前放一首詩，即李、杜之作，對他來說有何感受？貝多芬的月光曲對一個聾子來說，有何悅耳之美？同樣的；一個藝術涵養全無的人，又如何能欣賞八大、石濤之畫呢？

在論過藝術傳達的過程之後，現在讓我們談談畫是不是不能描寫如冷熱、香臭等抽象的東西，而依筆者的淺見，那是肯定的，只是以繪畫去表現，較難而已，可是只要功夫夠，能表畫外之意，景外之情，仍能達成讓欣賞者共鳴的目的，如方干〈項洙處士畫水墨釣台〉一詩云：「畫石畫松無兩般，猶嫌瀑布畫聲難，雖云智慧生靈府，要且功夫在筆端。……」其實方干的眞意在本章第一節中，筆者已經講過，那就是描繪的功夫夠，瀑布之聲而能爲看畫者捕捉，仍能心領神會的感覺到瀑布之聲的存在，這也是錢鍾書所說的：「畫該利用暗示和聯想，獲得畫本位以外的功能。」（註三）。〈晁以道和公詩〉云：「畫寫物外形，要物形不改，詩傳畫中意，貴有畫中態。」所謂「詩傳畫外意，貴有畫中態。」，正是得到了詩學中的三昧。蘇格拉底有一次與雕刻家克萊陀詩論雕像的問題，蘇氏主張：「……所以一座雕像應該通過形式表現心理活動。」（註四），這已是道出藝術的精髓了。

在我國歷代的繪畫中，如唐李思訓在天寶中，明皇召思訓畫大同殿壁；「兼掩幛，異日因對，語思訓曰：『卿所畫掩幛，夜聞水聲。』」（註五），這豈不是畫能流露出水聲的明證？王充言畫不能觀古賢人之言行，這也是撇開達意移情的中介因子，僅對畫的物象而論。筆者曾於民國七十七年參觀泰國曼谷玉佛寺，其壁畫曾描繪白猿爲佛祖化渡之事，畫工非高手，但藉著一連串的故事，也能使我們體會出佛祖化渡的經過，油然生一片景慕之心，言行著於繪畫，留傳千古，要不然凌煙閣上，何必描繪功臣像？

至於靜態的畫作是否能表現動律感呢？這也是不容置疑的，如唐代戴嶧所繪的〈逸牛圖〉（圖版二），畫者利用圖中右邊水牛的衝撞之勢，加重了牛頭的墨色，並將牛的形狀繪成了接近「▷」的形狀，重心放在牛首及其肩胛上（註六），將看畫人引力的趨勢，幾乎完全由牛頭由右向左急遽的引導出去，形成了力學上的「←」直向感，而另一頭牛的構圖，則將力量的著點引向整幅畫的左上角，以半圓的姿態而延伸出去，化解了巨大撞擊力的衝突感，而兩牛交疊的地方，是右邊牛的右觭角及右前蹄及左邊牛的右後腿，形成了整幅畫衝突中帶有調和，力量走向巨大而不矛盾的效果。如果它的構圖是衝擊的牛撞個正著在另一牛的中間腹部上，而形成「|←」這樣的圖形，則這幅畫非但呆滯，且阻礙了撞擊力的疏散，則此圖就一無可取了，再如南唐李坡所繪的〈風竹圖〉（註七）（圖版三），利用長竹二竿「S」形的造形，也造成了風吹竹葉，搖曳生姿的美感及動態，下方坡石用乾筆急速刷過，竹竿也以飛白法寫過，但筆尖的著紙方向完全與筆桿的行進方向完全相反，換句話說是筆筆中鋒而寫

出（註八），所以雖然著紙速度極快，但筆筆中鋒，毫無飄浮之氣，形成了畫面生動而剛勁的作風，這也是靜的畫作而有動感的成功成品。

萬物之中以空氣最爲無形，繪畫要描寫虛無之事，必須要借助物象的「姿態」與「取勢」，而來得到欣賞者的經驗共鳴，這就像詩描寫聲音或光線一樣，它只是給你一個造形，留有充分甚至很大的空間讓你去聯想，最後達成心領神會畫中情景的效果，如馬麟的〈靜聽松風圖〉（圖版四），即是一個很好的例子，全幅畫以兩棵松樹及一位隱者爲主題，另有一小書僮站於整幅畫的左下角，且在人物比例上故意將其稍爲縮小，加重了看畫人注意隱者的效果，這就像攝影時焦距完全放在主題上，而使周遭陪襯的景物稍爲模糊一樣（註九）。全幅畫，石與松幹以較快速度完成，石以大斧劈，幹以長線條皴法完成，而松針與隨風擺動的垂籐，卻是以極細膩的手法繪成，全幅構圖，微風的方向是由畫面的左上角輕拂於畫面的右下角，尤其是圖中的人物陶弘景（註一〇），以鐵線篆的筆法，極寧靜的完成，彷佛讓我們感到馬麟畫他時的澡雪精神、凝思極至，陶弘景的兩眼珠極靜思的傾向於右耳方向，更加添了右耳聚精會神的神態，彷佛風聲淅瀝就在看畫人的耳際響起，這豈不是繪畫連風聲亦能描寫的佳作？國畫之中像描寫冷月、菊香的作品，雖然不是很多，但爲數也相當可觀，所謂「吳帶當風」、「曹衣出水」也就不是難若登天之事了。

筆者之見，詩與畫的造形，有異曲同功之妙，所以不能很完全的傳情達意於欣賞者，可以說有二個因素，一是創作的功夫不夠，未能捕捉物象的精神意態，一是欣賞者的層次涵養不夠，未能深切體會詩畫中的意境，誠然人力必定是有限的，大自然中仍是有許多的情意、物象，不是詩人或畫家能完全表現的，戴復古曰：「要知作詩如作畫，人力豈能窮造化）」（註一一），再好的藝術家在大自然的前提下，也是要俯首稱臣的。

以上所舉，旨在辯明畫筆能達至境的畫家，筆意所至，雖抽象難寫之物，空無難描之象，亦能在其畫筆之下透出。至於詩的方面，只要文字運用純熟，古今中外倒鮮有說它不能描寫抽象之物的，如王維〈鹿柴〉：「空山不見人，但聞人語響，返景入深林，復照青苔上。」讀其詩時，彷彿人聲就響於耳際。再如白居易之〈琵琶行〉：「……輕攏慢撚抹復挑，初爲霓裳後六么，大絃嘈嘈如急雨，小絃切切如私語，嘈嘈切切錯雜彈，大珠小珠落玉盤，間關鶯語花底滑，幽咽流泉水下灘，水泉冷澀絃凝絕，凝絕不通聲漸歇，別有幽愁暗恨生，此時無聲勝有聲，銀瓶乍破水漿迸，鐵騎突出刀鎗鳴，曲終收撥當心畫，四絃一聲如裂帛。……」其形容聲音之生動，相信在每一個欣賞者的意念裡，均有緊扣心絃的感覺。至於描繪動作，如金昌緒的〈春怨〉：「打起黃鶯兒，莫教枝上啼，啼時驚妾夢，不得到遼西。」讀其詩時，彷彿一個寂寞的少婦，正以竹桿或一塊石頭在驅趕枝上黃鶯鳥的動作，其景歷歷如在目前。再如杜甫的〈少年行〉：「馬上誰家白面郎，臨階下馬坐人床，不通姓氏麤豪甚，指點銀瓶索酒嘗！」，在我們的意念裡，馬上呈現的是一個粗豪的貴家公子，頤氣指使別人的模樣，再如朱慶餘的〈近試上張水部〉：「洞房昨夜停紅燭，待曉堂前拜舅姑，妝罷低聲問夫婿，畫眉深淺入時無？」多麼生動的一個畫面，新婦的嬌羞、靦腆，幾乎是一覽無餘。詩能描繪聲音、動作等抽象東西，自古以來著墨甚多，筆者不擬多敘。

詩與畫的靈感捕捉、意念產生，乃至於創作的過程、技巧，均有極爲緊密的血緣關係，尤其在中國，往往因爲文人即畫家，畫家也是詩人，其素養、觀念均如出一轍，現爲加強本節之立論基礎，不揣淺陋，乃一一剖析如下：

一、**中國文人的素養相同**：中國因地理環境、歷史傳承、人文背景等因素使然，特別具有天人合一的思想，對天是既懼且畏，如《老子》二十五章：「人法地、地法天，天法道，道法自然。」《論語》〈泰伯篇〉曰：「唯天爲大，唯堯則之。」《莊子》〈天道篇〉曰：「夫明白於天地之德者，謂大本大宗，與天和者也，所以均調天下，與人和者也，謂之人樂，與天和者，謂之天樂。」儒、道、釋的觀念影響中國人甚鉅，在宇宙觀、道德觀各方面，形成了一種文學藝術的共識，因此一切以自然爲宗，作人做事要自然，作詩繪畫也要自然，如李白〈經離亂後，天恩流夜郎，憶舊遊書懷贈江夏韋太守良宰詩〉：「……覽君荊山作，江鮑堪動色，清水出芙蓉，天然去雕飾。……」（註一二），梅堯臣〈贈杜挺之詩〉：「作詩無古今，欲造平淡難。」（註一三），這種觀念都是受了人文環境的影響。在畫論方面，也是崇尚自然，避免造作，《歷代名畫記》卷一．曰：「夫畫者，成教化，助人倫……四時並運，發於天然，非由述作。」再如卷二．曰：「自古論畫者，以顧生跡，天然絕倫。……」又曰：「守其神，專其一，合造化之功。……」這種自然的觀念幾乎到處可見。荊浩曰：「子既好寫雲林山水，須明物象之源。」（註一四），韓幹曰：「廄馬萬匹皆吾師。」（註一五），石濤曰：「搜盡奇峰打艸稿。」（註一六）皆是以師法自然爲出發點，因此中國畫最講求自然，宗炳的契闊荊巫，王維之卜居輞川，范寬之隱居終南、太華，皆是投入自然，以師法自然爲冶練畫作的手段。除自然外，中國人對事物的理念，比較喜歡含蓄、溫腴、圓融，除詩畫外，字與戲劇等也是如此，虞世南的〈孔子廟堂碑〉，有人號稱爲楷書第一，即是以用筆溫腴圓融爲人所喜愛，而揚州八怪之字，雖皆能各創一體，但畢竟流於造作，爲知書者列入二、三流之作，其因即在此，至於戲劇表演，行腔要珠圓玉潤，動作要含蓄、不過火，這都是由一貫的美學思想所導致。

二、所描繪的對象接近：人畢竟是人，其七情六慾皆有相通之處，雖個人的愛惡稍有區別，但大致還是相近的，尤其在中國以往因爲是農業社會，所以具備了農業社會的特徵，如特喜流連山水，親近大自然，對動物則喜牛、馬、犬、羊等，對植物則喜梅、蘭、竹、菊等，因此在文學與藝術乃至於人生觀念等，均有一種相同的共識，於是詩、畫所描寫的對象，往往比西方要有所固定，這就是有人質疑爲甚麼國畫的體裁總是那麼狹窄，不是山就是水，不是梅就是菊，殊不知中國藝術注重意境，講求的是味道，山水畫是表示人對它的崇敬與喜愛，梅竹等的繪畫，是表示它的個性，所謂「孤霜自傲」、「勁節長存」，中國人著重的是精神，這與西方的注重物質，在基本出發點上是完全不同的。西方人較爲注重知識，所謂認知、理解、分析這方面，似乎比中國要講求些，所以它們繪畫注重取材，對繪畫的比例、色彩、明暗各方面，特別的注重。文藝復興時代，繪畫的要求首先就是要像，達文西、米開蘭基羅、拉斐爾（Raffaello西元一四八三至一五二〇）等的畫作，均不出這種規範，直到近代方力求變化，如新古典主義、浪漫主義、自然主義、印象主義、立體主義、野獸主義等方紛紛出籠；而表現派、未來派、達達派、超現象派、抽象派等也應運而生。如今趙無極的畫在法國頗爲有價碼，極受西方人的歡迎，說穿了趙先生就是以國畫爲宗，以西畫的技巧爲輔，表現了一種色彩瑰麗，韻味猶存的特性，因此西方人從技巧上方能領會其部分涵義，而深得他們的喜愛。畫是如此，中國的詩也是如此，我們翻開《全唐詩》與《全宋詞》可知，其描繪植物的對象，不出梅、蘭、竹、菊、松柏等，描寫山水的詩則更多（註一七），其因確如以上所論。

三、詩畫使用的工具接近：筆者以爲除印刷術、火藥等外，筷子、毛筆也是中國人了不起的發明。西方人吃一頓簡單的西餐，要刀、叉、湯匙等一大堆，中國人只要一雙筷子就夠了。西方人繪畫要帶著畫筆盒，打開一看，總有十來枝畫筆，而中國人繪畫只要一、二枝毛筆就足夠了。筆者習書近三十年，只要筆夠大，大字是它，小字也是它，只要筆鋒不磨平，即可書寫，所謂「大筆寫小字」這是鑽研寫字繪畫的人，人人均會的技巧，算不得甚麼本領。筆者於民國七十年，曾帶領美國奧瑞崗教授訪問團，造訪鍾壽仁等畫家，當他們看到鍾先生用一枝筆又繪畫又寫字時，驚奇的不得了，在他們的觀念裡，一枝毛筆怎麼會有這麼多的功用呢？我從他們的面部表情，深深感到中國人的智慧與驕傲。因寫詩、繪畫的工具爲一，於是在使用理念、技巧上，日久天長自然產生了共通性，我們畫蘭竹，不說是畫，反倒說寫蘭、寫竹，其因即是如此。古人作詩、書寫的工具爲毛筆，因手的感官刺激，反回應於腦海，當然會產生某種共識，所謂「手腦並用」，由手刺激了腦，由腦又回應了手，其結果當然是造成了詩畫共通的基因。

四、創作的技巧相近：因爲有以上的二個原因，於是產生了技巧相近的結果，當然這是特指中國的詩畫而言，其實詩與畫追求的是「美」，均屬於藝術學的範疇，在創作的技巧上當然有相通相近的地方。詩中善於用對比的方法，如柳宗元〈江雪〉一詩：「千山鳥飛絕，萬徑人蹤滅，孤舟簑笠翁，獨釣寒江雪。」以千山居然連個鳥都沒有，萬徑之中人跡杳然，而在這之中赫然出現一個披簑戴笠的老翁，在一片冰天雪地之中，手持釣竿獨自的垂釣，益發襯托出獨釣翁的孤寂及風骨傲然，這種例子在詩中俯拾即是，不需多所著墨，而國畫之中也是如此，如范寬〈谿山行旅圖〉（圖版七）利用畫面中央的巨山與畫面右下角小小踽行的騾子對比，益發烘托出山勢的雄偉。再如元代顧安的〈平安磐石軸〉（圖版八），利用竹的被強風吹襲，與畫軸下方皴的極爲厚重的磐石相映，更突顯了竹子的勁節強韌，這些都是利用對比的手法，來達到意境或氣勢上的效果。再如作詩，有所謂的「縮銀法」，即是將詩的密度增厚，達到質量重的效果，黃永武先生曰：「如宋代吳沆的《環溪詩話》中，討論到『一句要言三五事』，『七言句中用四物』等，認爲事多則『健實』，物多則『愈工』，又如明代謝榛《四溟詩話》裡，曾提出將二句壓縮成一句的《縮銀法》……」（註一八），欲達到厚重的目的，唯一之法即是字用的少而涵意卻很多，如杜甫的〈登高詩〉：「風急天高猿嘯哀，渚清沙白鳥飛迴，無邊落木蕭蕭下，不盡長江滾滾來，萬里悲秋常作客，百年多病獨登臺，艱難苦恨繁霜鬢，潦倒新停濁酒杯。」羅大經曰：「萬里，地之遠也；秋，時之悽慘也；作客，羈旅也；常作客，久旅也；百年，齒暮也；多病，衰疾也；臺，高迴處也；獨登臺，無親朋也。十四字之間含八意，而對偶又精確。」（註一九），他的意思就是杜甫善用最精練的字而描述層次多的情意。再如杜甫的〈旅夜書懷〉中的「星隨平野闊，月湧大江流」、〈登岳陽樓〉的「吳楚東南坼、乾坤日夜浮」等，均是極爲厚重的用字法。在國畫方面，如前面所提及的范寬〈谿山行旅圖〉，用幾乎十數次的皴法，並且用線條的多稜角走向，而加強了山勢與岩石的厚重度，這就如書法的筆劃要厚重，必須以中鋒行筆，然後用一進一退幾乎是勒石的功夫，慢慢的行進，如此因筆毫與紙面所造成的摩擦力，更加強了鎮紙的力量。這也就像國劇唱腔中的「中東」轍口，發音時必須用氣將整個口腔灌滿，然後攏住音，再行發出，所以十三轍口中以「中東」轍口最爲厚重。國畫中除〈谿山行旅圖〉外，如關仝〈山谿待渡圖〉（圖版九），也是厚重的範例，細觀其圖，石之層面極多，皴的次數極衆，其軸長一五六·六公分，寬九九·六公分，但因內含山、水、樹、石、建築、人物、驢子等，內容極爲豐富，再加上緊中有疏的構圖法，以厚重的山石與流動而輕盈的瀑布相襯，更形成了山石的厚重。國畫之中這種例子比比皆是，就不再多舉其例了。一般人對常態之事較爲忽視，而非常態之事物較爲注意，如杜甫〈秦州雜詩〉二十首之一的：「莽莽萬重山，孤城山谷間，無風雲出塞，不夜月臨關，屬國歸何晚，樓臺斬未還，煙塵獨長望，衰颯正摧顏。」（註二〇），其中的「無風雲出塞，不夜月臨關」用字極爲佳妙，無風何來雲出塞，不夜居然月臨關，這種景象有反常的景象，更加深了欣賞者驚奇的立即注意力。細細思之；層雲密布於塞外，白日尚未落下的月亮照於城關之上，這種景象是多麼肅殺、淒涼，可況這種景象，人人均能體會到，詩中這種句子也是多得不勝枚舉，像「山從人面起，雲傍馬頭生」、「春風不相識，何事入羅幃」等均是這種效果的應用。國畫中，這種方法也是常用的，如李迪〈風雨歸牧圖〉（圖版一〇），疾風細雨中，兩個牧童騎著水牛返家，偏偏後方的那牧童是背朝著牛頭而騎，這眞是巧妙的構思，眞有點像清之名小丑劉趕三偏要倒騎驢的模樣，眞是絕透了。再如宋人所繪之〈竹石雙鷺圖〉（圖版一一），構圖成⇆衝突的走向，兩隻鷺鷥，一在水中，一在空中，迎面而繪，這也是構圖出自常法的例子。再如作詩有詩眼，繪畫有畫眼，詩有虛實之用，畫也有虛實之用，詩有時空的設計，畫也有時空的設計，這種創作技巧的相通性，何下數十百條，誠然別的藝術與詩也有相當的相通性，但是在緊密度上，恐怕要以中國的詩與畫爲翹楚了。

綜合以上所論，筆者不同意第一節詩畫相異的主張，而加強了第二節中詩畫共通的事實，既然中國的詩與畫在表現上，在精神上是一回事，因此詩論與畫論立論基礎之確定，已是不容置疑的了。

【附註】

註一　參見高師　仲華所作《高明文輯》下冊・頁一一九〈詩歌的基本理論〉一文。

註二　宗白華《美與意境》頁一〇九〈哲學與藝術〉一文。

註三　錢鍾書〈中國詩與中國畫〉頁四。

註四　朱光潛《論美與美感》頁一三。

註五　見《故宮名畫》第一輯・頁二一・李思訓〈江帆樓閣軸〉說明文。

註六　三角形的應用，在力學與美學上會形成穩固的感覺，這種技巧在人物畫方面，如五代梁楷的〈太白行吟圖〉、清代任伯年的〈參禪圖〉等，均頗為善長，西方的畫家如提香（Titian 西元一四七七至一五七六）的「聖・克里斯多夫」、佛梅爾（Vermeer 西元一六三二至一六七五）的「少女與笛」等，均是此種圖形的巧妙應用。

註七　書同註五・頁一二。

註八　所謂中鋒之筆，是筆桿的行進方向與筆尖的著紙方向，完全相反，古人所謂的「萬毫齊力」，說穿了即是中鋒之筆的成功應用。有關用筆的方法，請參《漢學論文集》第二期・頁二二五，拙著〈楷書的結構美〉一文。

註九　此種比例誇大的情形，如閻立本〈職貢圖〉中將來朝的東南亞民族醜化成小鬼狀（圖版五）以顯示其為夷狄之人。再如馬麟的〈秉燭夜遊圖〉（圖版六），在屋中之人比例亦較他人特大，這都是誇大主要人物的效果。國畫中的比例問題，常為一些以西畫鑑賞標準者攻訐的對象，其實國畫與西畫在構圖、用筆、意境上完全是兩種截然不同的處理方式，此種觀念在本論文第五章中將有較詳的論述，其實西畫也有擴大比例，以求特殊風格的畫家，如現在的英國著名版畫家格列漢・克拉克（Graham Clarke），他的作品廣泛受到英、德、日諸國收藏家的喜愛，喬治・波列克（George Pollock）曾云：「他的畫不按正常透視，往往將扭曲的巷道、風車、草堆、酒吧、小茅屋及古老的教堂等雜集在一起，然後很奇怪的又與天上的太陽和月亮並存在一個畫面中，他居然稱作是『天體自然的運行。』」原文爲：「Disregarding formal perspective, he crams his patchwork country-side with twisty lanes, windmills, haystacks, snug pubs, cottages and ancient churches, often lit by a curiously combined sun and moon which he calls "a heavenly orb".」Reader's Digest, April, 1990, P. 9.

註一〇　圖中隱者據李霖燦先生考證爲山中宰相陶弘景，參《故宮文物月刊》第六期，頁九十五〈從馬麟的靜聽松風談起〉一文。

註一一　《石屛詩集》卷一〈黃州棲霞即景呈謝深道國正〉。

註一二　見《李太白全集》卷之十一，九思出版社出版《李太白全集》第二冊頁五七四。民國六十八年三月出版。

註一三　引自黃永武《中國詩學設計篇》頁四，巨流圖書公司，民國六十五年十月二版。

註一四　錄自「讀荊浩筆法記」一文，見《中華藝林叢論》第一集，頁二十。

註一五　《蘇軾詩集》卷二十八〈次韻子由書李伯時所藏韓幹馬〉，頁一五〇四至五。

註一六　錄自《中華藝林叢論・藝術類》第一冊，頁五〈也記方環山〉一文。

註一七　王國瓔著《中國山水詩研究》一書可供參考。聯經出版社，民國七十五年出版。

註一八　見黃永武先生所作《中國詩學設計篇》，頁七十八。

註一九　羅大經《鶴林玉露》卷十一。

註二〇　《全唐詩》卷二百二十五。

第五章　唐代詩論與畫論的理論共通性探研

我們明白了詩論與畫論的理論共通性後，筆者就《歷代名畫記》、《唐朝名畫錄》二本唐代最重要的畫論與《詩式》、《二十四詩品》二本唐代最重要的詩論作一比較，然後以其他的畫論與詩論為輔證，進一步說明它們在美學上的相通性，唯《歷代名畫記》涉及美學理念之處，何下數十處之多，且有的片言隻字，甚難歸納出一系統的標題，筆者乃瀝沙披金，總其犖犖大者為十目，一一分敘如下：

第一節　氣韻生動

「氣韻生動」四字，最早提及者，為南齊時的謝赫，其《古畫品錄》曰：「夫畫品者，蓋衆畫之優劣也，圖繪者莫不明勸戒著升沉，千載寂寥，披圖可鑒，雖畫有六法，罕能盡該，而自古及今，各善一節，六法者何，一氣韻生動是也，二骨法用筆是也，三應物象形是也，四隨類賦彩是也，五經營位置是也，六傳移模寫是也。」（註一）謝赫之言影響後代畫論甚鉅，尤其「氣韻生動」四字，幾乎成了繪畫追求的一致目標，張彥遠《歷代名畫記》卷一亦曾引用謝赫之言，並且在其他各卷中也一再的提及。謝赫在《古畫品錄》中，並未將「氣韻」二字作任何解說，但他論衛協「頗得壯氣」。論顧駿之「神韻氣力不逮」，論陸綏「體韻遒舉」，論夏瞻「雖氣力不足而精彩有餘」，論戴逵「情韻連綿」，論晉明帝「雖略於形色，頗得神氣」，論丁光「乏於生氣」，依其語意推演，不難尋出「氣韻」二字的涵義，似乎與《世說新語》任誕篇中的「風氣韻度」（註二）有相同的意義。《世說新語》之言，指的是一個人的思想性格、才能氣質的總和，換句話說；也就是一個人的精神面貌，而畫亦是如此，必須要有「神」，才能稱作是一幅成功的藝術作品。神的問題，其實顧愷之在東晉時即已論及。《晉書》卷九十二、顧愷之傳：「愷之每畫人成，或數年不點目睛，人問其故，答曰，四體妍蚩，本無闕少，於妙處傳神寫照，正在阿堵之中。」，所謂「傳神」正是文學藝術的起碼要求。一幅畫要有氣韻，才能生動，生動之後方能有神，所以有神是效果，而氣韻是達成這個效果的必經過程，那麼又何謂氣，何謂韻呢？

張彥遠《歷代名畫記》卷一：「古之畫，或能移其形似而尚其骨氣，以形似之外求其畫，此難與俗人道也。今之畫，縱得形似，而氣韻不生，以氣韻求其畫，則形似在其間矣。……若氣韻不周。空陳形似，筆力未遒，空善賦彩，謂非妙也。……今之畫人，粗善寫貌，得其形似，則無其氣韻，具有彩色，則失其筆法，豈曰畫也？」五代・荊浩《筆法記》：「畫有六要：一曰氣，二曰韻，三曰思，四曰景，五曰筆，六曰墨……氣者心隨筆運，取象不惑，韻者隱跡立形，備遺不俗，思者刪撥大要，凝想形物。景者制度時因，搜妙創眞，筆者雖依法則，運轉變通，不質不形，如飛如動，墨者高低暈淡，品物淺深，文采自然，似非因筆。」北宋・郭若虛《圖畫見聞志》卷一：「六法精論，萬古不移，然而骨法用筆以下五法可學，如其氣韻，必在生知，固不可以巧密得，復不可以歲月到，默契神會，不知然而然也。」又曰：「氣韻本乎游心，神彩生于用筆，用筆之難，斷可識矣。……所以意存筆先，筆周意內，畫盡意在，像應神全，夫內自足然後神閒意定，神閒意定則思不竭而筆不困也。」北宋・黃休復《益州名畫錄》引歐陽炯〈壁畫奇異記〉：「六法之內，惟形似氣韻二者爲先，有氣韻而無形似，則質勝於文，有形似而無氣韻，則華而不實。」《宣和畫譜》卷十・山水敘論：「造化之神秀，陰陽之明晦，萬里之遠，可得之於咫尺間，其非胸中自有丘壑，發而見諸形容，未必知此，且自唐至本朝，以畫山水得名者，類非畫家者流，而多出於縉紳士大夫，然得其氣韻者，或乏筆法，或得筆法者，多失位置，兼衆妙而有之者，亦世難其人。」北宋・韓拙《山水純全集》論用筆墨格法氣韻之病：「凡用筆先求氣韻，次采體要，然后精思，若形勢未備，便用巧密精思，必失其氣韻也，大概以氣韻求其畫，則形似自得于其間矣。」

除以上所提及之唐及北宋所著之畫論外，此外如南宋・鄧椿《畫繼》、元・楊維楨《圖繪寶鑑序》、明・王世貞《藝苑卮言》、明・顧凝遠《畫引》、明・董其昌《畫禪室隨筆》、明・唐志契《繪事微言》、清・唐岱《繪事發微》、清・王昱《東庄論畫》、清・方薰《山靜居畫論》等均提到「氣韻」

二字，可知「氣韻」自謝赫而後，其受繪畫者之重視。近代俞劍華著有《國畫研究》一書，根據荊浩《筆法記》之言，對「氣韻」二字進一步闡述，可謂頗得要領，文曰：「氣者，心隨筆運『取象不惑』——所謂心隨筆運者，豈心爲筆使乎？非也。蓋畫者在下筆之始，心中原有一股蓬勃鬱積之氣，無可發洩，藉筆墨以洩之，所謂『意在筆先』，所謂『胸有成竹』，即係此種作用。迨既動筆之後，則或鉤或點，或轉或折，或挺直而勁拔，或豐滿而純厚，元氣淋漓，行乎其所不得不行，止乎其所不得不止，筆之所到，即心之所運，心之所運，即氣之所生　雖任意揮灑，若不經意，而實有一種精能之氣，寓乎其中，左右逢源，隨手拈來，皆成妙諦，故能『取象不惑』也，初學之人，物象既無研究，用筆亦無把握，胸中更無灝氣，故下筆恇怯，欲行又止，遲疑瞻顧，物象乖舛而神穎終不免索然矣。」又曰：「韻者，隱跡立形『備遺不俗』——所謂隱跡立形者，乃隱去筆墨痕跡，顯示物體形狀也。鄒一桂有言：『花如欲語，禽如欲飛，石必峻嶒，樹必挺拔；觀者但見花鳥樹石而不見紙絹，斯眞脫矣，斯眞畫矣。』小山畫譜即此意也。故不善畫者，滿幅俱是筆墨，而物象毫無。然只注意於物象之表現而遂筆墨於不顧乎？是又不然。畫若只重物象而無筆墨則易流於匠氣俗氣，故必救之以備遺不俗，若所畫之物完備無遺而尚能不俗，則韻味自生矣。」（註三）

歸納以上諸家之言，筆者據習書之經驗，益之以思考多時，吾以爲所謂氣者，其定義可爲「生氣」、「神氣」者也。韻者；即爲「韻味」、「韻致」之意也。現就一己之淺見，申敘如下：

首先我們剖析謝赫之言，他是將氣、韻二字分開來說的，所以才有「壯氣」、「神韻」、「體韻」「

氣力」等等的說法，嚴格說起來二者具有極爲密切的關係，一件文學、藝術作品，有氣則易有韻，有韻必定要有氣爲先，氣韻皆具，則必定生動。唐・朱景玄《唐朝名畫錄》〈神品中一人〉談到周昉的畫技，倒是道出了一幅畫有氣與無氣的分別。其文曰：「郭令公婿趙縱侍郎嘗令韓幹寫眞，衆稱其善，後又請周昉長史寫之，二人皆有能名，令公嘗令二眞置於坐側，未能定其優劣，因趙夫人歸省，令公問之，此畫何人，對曰趙郎也。又云何者最似，對曰；兩畫皆形似，後畫尤佳，又問；何以言之。云：前畫者空得趙郎狀貌，後畫者兼移其神氣，得趙郎情性笑言之姿。」所謂「後畫者兼移其神氣」，正是道出了周昉之畫所以能生動的原因。人之氣盛則精神奕奕，物之氣盛則圓滿充沛，文學氣盛則易動人、感人，畫若氣盛，則生動、活躍。中國人是最重「氣」的民族，運動之時要善於吞吐氣，寫字時要先運氣而後行筆，尤其寫努筆及懸針時，更是要先吸氣、憋氣，而後方執筆運行，迄筆劃完成，方呼氣休息，至於唱戲、唱歌更是如此，平劇之中所謂的「氣口」，正是氣的妙用。繪畫之時，先運氣於肺腑，然後透過肩、肘、腕的關節運用，傳於指尖之上，再由執筆的指尖，將力與氣透過筆管而凝聚於筆毫之端，因氣的凝聚，所以才會有力，又因爲氣足，則反應的空間寬廣而快速，這就像籃球氣足，則反彈的速度及高度愈快也愈高，是同一個道理。氣之由來，在於身體的康健，日文將身體的康健稱爲「元氣好不好」，是相當有道理的，所以一個有超越技術的藝術家，必要精神好、身體好爲先決條件，一個畫家若身體衰敗，絕產生不了好的畫作，這就是許多大家，到了年老或身體衰敗之時，作品反而退步的眞正原因。兪劍華先生曰：「初學之人，物象既無研究，用筆亦無把握，胸中更無灝氣，故下筆恇怯，欲行又止，遲疑瞻顧，物象乖舛而神氣終不免索然。」這就道出一個繪畫者除有氣以外，能不能盡量發揮使用，而傳布於畫面之上，這就要靠技巧的純熟度了，這也等於是知「道」以後，尚需「技」的配合，有了「道」與「技」，氣才能充分發揮，所以筆者以為畫作的有「氣」無「氣」，與運筆的純熟度具有極為密切的關係，畫作有氣則活，無氣則死，有氣則線條生動聯貫，無氣則線條僵死而破碎，氣之得到，豈易事哉！

韻乃「韻味」、「韻致」之意，中國文學與藝術最講求韻味，有韻味則易有特色，有韻味則可避免輕俗之病，范寬之畫是以厚重的韻味見長，李成的畫作是以勁健為其韻味之特色，元・倪雲林之畫作是以精簡為其韻味之長。中國藝術之中，以平劇的角色表現韻味為最明顯，小丑是小丑的動作、扮相與唱腔，花臉是花臉的動作、扮相與唱腔，同樣的是小丑，又因各人的天份，造詣而形成各人不同的韻味風格，俞劍華先生在《國畫研究》一書中，一再強調有韻則能不俗，是有相當的道理的，那我們要如何使得畫作有韻而不俗呢？韻是如何達成的呢？以筆者之見，一幅畫要有韻味，最主要的與行筆的過程有關，行筆的速度慢而動作多，則易有韻味，行筆草率而轉折、攤壓等的動作少，則線條乾澀而輕浮，則韻味易失。范寬之畫，行筆精嚴，線條的推進，無論在聚毫、轉折、滯筆諸方面，均是一絲不苟，筆筆精到，再加上皴法、渲染之時，過程多且攤、揉、聚等的功夫複雜，於是形成了他的畫中有畫，餘味猶存的風格，所以一個畫家除了品格高尚、身體康健、畫學理論充實以外，必須對筆毫的應用，要能心領神會，達到收放自如，諸技皆備的程度，才能在韻味上求其表現，所謂「熟能生巧」乃是不二法門，除熟能生巧之外，尚要用心、細心、乃是輔佐「熟能生巧」的重要鎖鑰，曾記得荀慧生曾說過唱戲最忌甜熟，一齣經常唱爛的戲，往往反不如一齣生澀的戲唱得好，其理何在？即熟戲不用心，生戲用心之故耳。

一幅畫有了氣，又有了韻，氣韻皆具，能不生動嗎？所以氣韻往往與一幅畫所描對象的像與不像，沒有絕對的關係。有的畫，畫的轡像，但只是形似，既無神又無韻，它與美與不美也沒有絕對的關係，如嶺南派的部份畫家，繪畫作品，麗則麗矣，但無味，像則像矣，但無神，其因即在皴染太少，厚重不足之故。再如郎世寧之畫，可謂無一不像，但神韻則被知畫者列入二、三流之中，即太注重線條，而缺乏皴染之功夫故耳。再如趙孟頫之字，結構幾乎無一不美，功夫亦極為甜熟，但就是因為過分甜熟，行筆全無生澀之趣，較之虞世南，褚遂良諸大家，則遜一籌矣。

畫作需要「氣韻」，作詩亦復如此，如皎然《詩式》〈辨體有一十九字〉云：「氣：風情耿耿曰氣。」另外在〈詩有二要〉中曰：「要力全而不苦澀，要氣足而不怒張。」，又在〈詩有七德〉中云：「一識理，二高古，三典麗，四風流，五精神，六質幹，七體裁。」，中間的「精神」，就牽涉到氣韻的問題，另外在《鄴中集》中云：「鄴中七子，陳王最高，劉楨辭氣，偏正得其中，不拘對屬，偶或有之，語與興驅，勢逐情起，不由作意，氣格自高，與十九首其流一也。」又其〈取境〉條云：「詩不假修飾，任其醜朴，但風韻正，天眞全，即名上等，予曰：不然。無鹽闕容而有德，曷若文王太姒有容而有德乎？又云不要苦思，苦思則喪自然之質，此亦不然，夫不入虎穴，焉得虎子？取境之時，須至難，至險，始見奇句，成篇之後，觀其氣貌，有似等閒，不思而得，此高手也。……」其所謂的「風情耿耿曰氣」、「精神」、「辭氣」、「氣貌」，就像謝赫稱氣爲「壯氣」、「氣力」、「生氣」、一樣，祇是文辭表面稍有差異，實質上就是指的「生氣」、「神氣」而言。司空圖《詩品》，標題之中沒有明顯論及「氣」的字眼，但其〈精神〉條，即是「氣」的靈活展現，其文曰：「欲返不盡，相期與來，明漪絕底，奇花初胎，青春鸚鵡，楊柳樓臺　碧山人來，清酒深杯，生氣遠出，不著死灰，妙造自然，伊誰與裁。」中間所謂的「生氣遠出，不著死灰」，已肯定的說明了作詩要有生氣，有生氣則會不著死灰，言簡意賅，已道出了「氣」的重要。

作詩的「氣」要如何而得致呢？筆者以爲與繪畫的原理相同，即是要從「熟練」中得取，這就像練武功一樣，必須動作熟練，方能運氣於四肢，氣運丹田，發力於掌，然後才能攻擊有力，杜甫所謂「讀書破萬卷，下筆如有神」，正是道出了作詩要有神的關鍵所在，杜甫之詩神態活現，興味雋永，除了天份之外，功夫的冶練，也是在唐代數一數二者，所以他對作詩的技巧，深得其中三昧，其〈丹青引贈曹將軍霸〉曰：「將軍善盡蓋有神」（全唐詩卷二百二十），〈李潮八分小篆歌〉曰：「書貴瘦硬方通神」（全唐詩卷二百二十二），〈寄薛三郎中〉曰：「才力老益神」（全唐詩卷二百二十二），〈敬贈鄭諫議十韻〉曰：「律中鬼神驚」（全唐詩卷二百二十四），這種「筆精妙入神」的觀念，完全說明了「熟練」的重要，有神則有氣，有氣則有神，用字不同，骨子裡的涵義卻是一個，我們所謂「神氣」，即是抓住了神與氣的相互要點。

關於「韻」的問題，皎然《詩式》中，並未明言韻味的問題但在「詩有四深」中曰：「氣象氤氳由深于體勢」之言，其所謂「氣象氤氳」，倒是非常接近「韻味」二字，一首詩中要作到「氣象氤氳」，必須精練文字，壓縮涵義，使得詩言有盡而意無窮，這也像繪畫之時的動作多，處理過程繁複一樣，才能達成「韻味」的效果。司空圖的《詩品》也沒有明白揭示「氣韻」二字，但在〈與李生論詩書〉中云：「文之難，而詩之難尤難，古今之喻多矣，而愚以爲辨於味而後可以言詩也。江嶺之南，凡是資於適口者，若醯非不酸也，止於酸而已，若鹺非不鹹也，止於鹹而已。中華之人以充飢而遽輟者，知其鹹酸之外，醇美者有所乏耳，彼江嶺之人習之而不辨也，宜哉。詩貫六義，則諷諭抑揚，停蓄溫雅皆在其間矣。然直致所得以格自奇，前輩編集，亦不專工於此，矧其下者耶。王右丞、韋蘇州澄澹精緻，格在其中，豈妨於遒舉哉。賈浪仙誠有警句，視全篇意思殊餒，大抵附於蹇澀方可致才，亦爲體之不備也，矧其下者哉！噫！近而不浮，遠而不盡，然後可以言韻外之致耳。……足下之詩，時輩固有難色，儻復以全美爲上，即知味外之旨矣！」（全唐文卷八〇七），所謂「韻外之致」、「味外之旨」，正是指的韻味而言，祇不過是他進一步往前推演，求更深一層的意思而已。

【附註】

註一　美術叢書三集第六輯，頁一〇三，廣文書局印行，不著出版年月。

註二　《世說新語》〈任誕第二十三〉：「阮渾長成，風氣韻度似父，亦欲作達。……」。

註　三　俞劍華《國畫研究》，商務印書館發行，此書未著出版年月日，爲汪鐘韻校友贈書，現藏國立政治大學中正圖書館，所引之文見頁五七。

第二節　發於天然

人力有限，大致古今中外均有敬天、畏天的思想，要不然世間也不會有宗教的存在了，尤其在我們中國更是有敬天畏天的思想，無論儒、道、釋三者，在這點上毫無疑問是有相同性的，此種以天然爲宗的思想，本論文在第四章第四節論及中國文人的素養相同時，已稍爲有所提及，現就文學與藝術的天然性再作深一層的探討，以明文學藝術作品必須要天然的重要條件。

《論語》〈陽貨篇〉：「天何言哉，四時行焉，百物生焉，天何言哉！」〈泰伯篇〉：「唯天爲大，唯堯則之。」《老子》第二十五章：「人法地，地法天，天法道，道法自然。」《莊子》〈天道篇〉：「夫天地者，古之所大也，而黃帝堯舜之所共美也。」〈知北遊〉：「天地有大美而不言，四時有明法而不議，萬物有成理而不說，聖人者，原天地之美而達萬物之理，是故至人無爲，大聖不作，觀於天地之謂也。」〈天下篇〉：「判天地之美，析萬物之理，察古人之全，寡能備於天地之美，稱神明之容。」，以上所提之孔子、老子、莊子的思想，均是以天然爲至美爲至大，這種思想影響後世甚鉅，尤其在我國美學上影響最大的莊子，他更是一再推崇天然的偉大。《先秦美學史》頁三十四曰：「莊子學派對天然之美的推崇，對後世發生了深遠的影響，如『貴清眞』，讚賞『清水出芙蓉，天然去雕飾』的李白，他的審美理想就受到莊子學派很大的影響，而他那些傳誦千古的作品，也正是最富於天然之美的傑作，自晚唐司空圖而後，以宋代的蘇軾爲代表，對天然之美的追求形成了一股歷史的潮流。此外，値得注意的是，和莊子學派天然之美的推崇直接相連的『法天貴眞，不拘於俗』的思想，在明代中葉以後，由李贄、湯顯祖、袁宏道、袁枚等人大加發展。……」，以上所引文字，證明了莊子以天然爲美的重要理論。在中國的繪畫上，無論何時何家之說，均力主「自然」或「天然」的重要，《歷代名畫記》中更是一再強調天然的重要，卷一〈敘畫之源流〉曰：「夫畫者，成教化，助人倫，窮神變，測幽微，與六籍同功，四時並運，發於天然。」同卷〈論畫六法〉：「……唯觀吳道玄之跡，可謂六法俱全，萬象必盡，神人假手，窮極造化也。」同卷〈論畫山水樹石〉：「吳興茶山，水石奔異，境與性會。」卷二〈論顧陸張吳用筆〉：「守其神，尊其一，合造化之功。」同卷〈論畫體工用搨寫〉：「自然者爲上品之上。」卷六：「彥遠論曰：圖畫者，所以鑒戒賢愚，怡悅情性，若非窮玄妙於意表，安能合神變乎天機。」《唐朝名畫錄》〈逸品三人〉論李靈省之畫：「李靈省，落托不拘檢，長愛畫山水，每圖一障，非其所欲，不即強爲也，但以酒生思。傲然自得，不知王公之尊貴，若畫山水竹樹，皆一點一抹，便得其象物，勢皆出自然，或爲峰岑雲際，或爲島嶼江邊，得非常之體，符造化之功，不拘於品格，自得其趣爾。」，這些均是著重「自然」或「天然」的流露。影響《畫記》甚鉅之繪畫理論，除謝赫六法之說外，張璪之「外師造化，中得心源」的觀念，彥遠也深爲折服，這種觀念在卷七與卷十中重複出現，是爲明證。自古以來的畫家無一不以自然爲宗者，范寬云：「前人之法，未嘗不近取諸物，吾與其師於人者，未若師諸物也，吾與其師於物者，未若師諸心。」（註一），所謂師諸心，即是以自然爲宗的觀念。近代國畫家也都有此觀念，如張大千遨遊四海，納山川於胸中，劉海粟十登黃山，思人與山而合抱皆是，在西方論及我國畫者，幾乎全都承認中國畫以自然爲宗的思想，如《中國畫的畫法》（The Way of Chinese Painting）（註二）、《中國藝術理論》（Theories of the Arts in China）（註三）諸書，均持此種見解。

繪畫切忌賣弄技巧，矯柔造作，這會犯了甜熟之病，過份甜熟則易流於「俗」病，藝術一落俗，則萬劫不復。繪畫既要技巧純熟，又不能過份賣弄展現，這豈不是有點難爲嗎？其實二者並不抵觸，技巧純熟，但仍要有法度，祇是化有法爲無法而已，賣弄則是逾越法度，存心不正，則乖離自然太遠。西方藝術家也主張一切要自然，達文西曾云：「畫家當爲自然之子。」歌德亦曰：「藝術家當以自然爲師。」（註四），也是相同的道理。

皎然《詩式》力主自然之重要，〈取境〉條云：「詩不假修飾，任其醜朴，但風韻正，天眞全，即名上等。」又在〈詩有六至〉中云：「至險而不僻，至奇而不差，至麗而自然，至苦而無跡。」已道出自然之主張。司空圖《詩品》更明列「自然」一條，文云：「俯拾即是，不取諸鄰，俱道適往，著手成春，如逢花開，如瞻歲新，眞與不奪，強得易貧，幽人空山，過雨采蘋，薄言情悟，悠悠天鈞。」

司空圖因隱逸之故，其二十四詩品喜以自然之物來形容，雖語意隱約，靈跡難求，但從字裡行間，把握其精意，卻非很難之事，如〈自然〉條之「如逢花開，如瞻歲新。」、「幽人空山，過雨采蘋。」之語，以自然之時序、植物來描繪，道出了其以自然爲宗的思想，這種思想與《文鏡祕府論》〈南卷論文意〉中：「自古文章，起於無作，興於自然，感激而成，都無飾練，發言以當，應物便是」如出一轍。再如其〈與王駕評詩書〉中，贊美王駕的五言詩云：「今王生者，寓居其間，沈漬益久，五言所得，長於思與境偕，乃詩家之所尚。」（註五），此種「思與境偕」的自然思想與後來《黃山谷別集》卷六之：「……文章惟不構空強作，詩遇境而生，便自工耳。」完全是出於一個思想。

詩人作詩，原應出於自然之道，《文心雕龍》〈原道篇〉曰：「文之爲德也大矣，與天地並生者何哉？夫玄黃色雜，方圓體分；日月疊璧，以垂麗天之象，山川煥綺，以鋪理地之形，此蓋道之文也。仰觀吐曜，俯察含章，高卑定位，故兩儀既生矣。惟人參之，性靈所鍾，是謂三才，爲五行之秀，實天地之心，心生而言立，言立而文明，自然之道也。旁及萬品，動植皆文，龍鳳以藻繪呈瑞，虎豹以炳蔚凝姿，雲霞雕色，有逾畫工之妙，艸木賁華，無待錦匠之奇，夫豈外飾，蓋自然耳。」又〈明詩篇〉云：「人稟七情，應物斯感，感物吟志，莫非自然。」又〈情采篇〉曰：「諸子之徒，心非鬱陶，苟馳夸飾，鬻聲釣世，爲文而造情也。」《文心》之語，最足以說明自然之重要。到了唐代，詩貴自然是許多詩人追求的目標，如李白、王維、孟浩然等均力主詩貴自然，如李白〈經離亂後天恩流夜郎憶舊遊書懷贈江夏韋太守宰〉一詩中的：「清水出芙蓉，天然去雕飾。」（註六），〈艸書歌行〉中的：「

古來萬事貴天生，何必要公孫大娘渾脫舞。」（註七），均在無意中透露出崇尚自然的風格。王維之詩，喜以田園入詩，處處流露出親近大自然的傾向，如其〈奉和聖製送不蒙都護兼鴻臚卿歸安西應制〉一詩中的「……萬方氛祲息，六合乾坤大，無戰是天心，天心同覆載。」（註八）再如〈晦日遊大理韋卿城南別業四聲依次用各六韻〉一詩中的「……高情浪海嶽，浮生寄天地，君子外簪纓，埃塵良不啻，所樂衡門中，陶然忘其貴。」（註九）。均有以天地爲尊，以自然爲尚的思想。孟浩然干祿不成，一生淡泊，其詩氣象清遠，以自然爲依歸，其〈仲夏歸漢南園寄京邑耆舊〉云：「嘗讀高士傳，最嘉陶徵君，日耽田園趣，自謂羲皇人。……扇枕北窗下，采芝南澗濱，因聲謝同列，吾慕潁陽眞。」（註一〇），言下之意極傾羨淵明的自然風格，難怪其詩自然流暢，毫無做作之態。

【附註】

註一　《夏珪繪畫藝術成就之探研》頁五引。

註二　此書於西元一九五六年出版，作者爲 Mai-mai Sze，她出生於中國，成長於紐約。如該書頁三，曾討論中國畫以道—天然爲宗的思想，原文爲：「In the vast literature of Chinese painting, there is continual reference to a tao or "way" It is not a personal way, nor mannerisms of a school. It is the traditional Chinese tao . As one among sereral ways ,one dialect in the universal language of painting , this tao is distinctive for certain fundamental concepts and for the manner in which they have long been represented by the Chinese brush and ink. The great unifying aim has been to express Tao, the way - the basic Chinese belief in an order and harmony in nature」（The Way of Chinese painting, P3, by Mai-mai Sze, Bookcave Store 1978）

註　三　此書爲蘇珊・布希（Susan Bush）及克麗斯汀・墨克（Christian Murck）所編撰，由普林斯頓大學（Princeton University）於一九八一年出版，該書頁一〇五曾論及中國藝術受自然之影響。原文爲：「In magic and religious rituals, dance, music, and ritual object have been essential tools in communications between man and the supernatural Powers. Even when art is secularized and its communicative power is directed toward fellow human beings, it still retains a certain mystical quality…… It is only natural that the people of ancient days, when the distinction between the realms of the supernatural and the natural was less clear, had a strongly mystical view of art.」

註　四　引自《鮑少游畫論》頁六・商務印書館印行。

註　五　見《全唐文》卷八〇七。

註　六　《李太白全集》卷之十一・九思出版社印行・民國六十八年三月十日臺一版。

註　七　書同註六・卷之八。

註　八　《全唐詩》卷一百二十五。

註　九　卷帙同右。

註一〇　《全唐詩》卷一百五十九。

第三節　尚其骨氣

張彥遠《歷代名畫記》卷一曰：「彥遠試論之曰：『古之畫，或能移其形似，而尚其骨氣。』……」同卷又曰：「夫象物必在於形似，形似須全其骨氣。」《畫記》之論，主要出自於謝赫之「骨法用筆」之觀念，朱景玄《唐朝名畫錄》〈能品下二十八人〉中亦有：「曹元廓、韓伯達、田深畫馬，筋骨氣力如眞」之語，可見在唐代繪畫是相當講求骨氣的，但何謂骨？又何謂氣呢？《說文解字》四篇下：「骨，肉中覈也，從冎，有肉。」又同書一篇上：「气，雲气也，象形。」，「气」乃「氣」之本字，由《說文》之語，我們尚不能抓到繪畫之中骨氣的眞義。《畫記》卷一：「夫象物必在於形似，形似須全其骨氣，骨氣形似，皆本於立意，而歸乎用筆。」潘天壽《談藝錄》亦曰：「骨法的表現，歸於用筆，用筆，也指線的應用，線爲筆所掌握，筆指揮線，線即是骨，也可以說，『骨法』即爲表現各種骨線的方法。」（註一），所謂「歸乎用筆」之言，已道出了「骨氣」所以能造成的原因，吾師　仲華曾曰：「風神是就其引出發動者而言，氣骨則是就其結構運行者而言。」（註二），吾師之言原指爲文，但施之於繪畫，亦再恰當不過。繪畫中所謂的骨，說穿了就是「萬豪齊力」的運用，要萬豪齊力必須以筆穎的全腰著紙，換句話說；就是要以中鋒著紙，以中鋒著紙，因穎毫的全力幾乎全部施之於紙上，因物理學上反作用定律的關係，則筆劃在紙面上有拱出的效果，造成了豐滿勁健的視覺反應，如此筆劃有如鋼絲，雖細而健，似柔實挺，畫蘭的葉，竹的竿，所謂以篆字筆法行之，說穿了就是以中鋒筆而已。歷代畫家如范寬、李成、李唐、任伯年、齊白石乃至民國以後之張大千、溥心畬等，其畫能勁健而有力，全是深悉運筆之法的原因，非但繪畫如此，書法亦是如此，梁武帝曰：「純骨無媚，純肉無力。」唐太宗曰：「吾臨古人之書，惟在求其骨力。」（註三），孫過庭《書譜》曰：「骨既存矣，而遒潤加之。」所謂書畫同源，美學相貫即是這個道理。

作詩爲文亦講求「骨氣」二字，曹丕〈典論論文〉曰：「文以氣爲主，氣之清濁有體，不可力彊而致，譬諸音樂，曲度雖均，節奏同檢，至於引氣不齊，巧拙有素，雖在父兄，不能以移子弟。」（註四），又曰：「孔融體氣高妙，有過人者，雖不能持論，理不勝詞，至於雜以嘲戲，及其所善，楊、班儔也。」又曰：「王粲長於辭賦，徐幹時有齊氣，然粲之匹也。」我們由其涵義，不難看出曹丕所謂的「體氣」、「齊氣」，就是指文章的質性而言，這與皎然《詩式》中，所謂〈詩有七德〉的「質幹」，其實指的是一回事，「質幹」就是指詩的質性要堅挺，司空圖《詩品》並無「風骨」一條，但其「勁健」一條之含義，卻與「風骨」二字極爲接近，有風骨必勁建，勁健之下必具風骨，其實是一體之兩面。《文心雕龍》第二十八篇〈風骨〉曰：「詩總六義，風冠其首，斯乃化感之本源，志氣之符契也，是以怊悵述情，必始乎風，沈吟鋪辭，莫先於骨。故辭之待骨，如體之樹骸，情之含風，猶形之包氣，結言端直，則文骨成焉。」好一個「結言端直，則文骨成焉。」詩乃是用字結言端直，畫乃是用毫結束端直，用毫能裹束而端正，則必骨健矣。

唐代詩人上承《文心》之語，作詩極重「骨氣」，如陳子昂〈與東方左史虯修竹篇序〉云：「文章道弊五百年矣，漢魏風骨，晉宋莫傳，然而文獻有可徵者，僕嘗暇時觀齊梁間詩，釆麗競繁，而興寄都絕，每以詠歎。竊思古人，常恐逶迤頹靡，風雅不作，以耿耿也。昨於解三處，見明公詠孤桐篇，骨氣端翔，音情頓挫，光英朗練，有金石聲，遂用洗心飾視，發揮幽鬱。不圖正始之音，復睹於茲，可使建安作者，相視而笑。……」（註五），由其文可知，陳子昂極著重漢魏詩作之風骨，因骨氣端翔，音情頓挫，方能達成光英朗練，有金石聲效果，其實這種觀念，除《文心》外，南北朝的時代如顏之推（註六），鍾嶸（註七）等，都有類似的看法，只是到了唐代，格外加以突顯而已。初唐四傑的楊炯對當時詩文的「骨氣都盡，剛健不聞」（註八），也曾表示了極度的不滿。迄至李白，作詩特重風骨，其〈宣州謝朓樓餞別校書叔雲〉中的：「蓬萊文章建安骨，中間小謝又清發。」，最足以說明他作詩注重「骨氣」的觀念，後來編《河嶽英靈集》的殷璠繼承了陳子昂及李白骨氣的觀念，也一再強調「骨氣」二字，如他曾批評高適的邊塞詩，道其長篇歌行皆雄壯淒愴，並云：「詩多胸臆語，兼有骨氣，故朝野通賞其文。」（註九），再如號稱詩家夫子的王昌齡，也因爲骨氣之故，特被殷璠所看重，爲詩需骨氣與繪畫之需骨氣，可謂是其神一致了。

【附註】

註一　潘天壽《談藝錄》頁七十八。丹青圖書公司。民國七十六年一月台一版。

註二　《高明文輯》下冊。頁三八七〈論氣骨〉一文。

註三　以上梁武帝與唐太宗之語，轉錄自侯愷如〈談書法的神韻〉一文，其文發表於五十七年出版之《書畫月刊》第二卷第六期。

註四　《昭明文選》卷第五十二。

註五　《全唐詩》卷八十三。

註六　《顏氏家訓》：「凡爲文章，猶乘騏驥，雖有逸氣，當以銜勒制之。……文章當以理致爲心腎，氣調爲筋骨，事義爲皮膚，華麗爲冠冕。」吾師　仲華即曰：「顏之推則以『氣』的運行爲文辭的『筋骨』，他論文，是合『氣』、『骨』而爲一的。」

註七　鍾榮《詩品》序：「幹之以風力」；陳坤祥《唐人論唐詩研究》博士論文頁四八即認爲「風力」二字即劉勰所謂的「風骨」。

註八　《全唐文》卷一九一．〈王勃集序〉。

註九　《河嶽英靈集》卷上。

第四節 淡雅爲正

《歷代名畫記》卷一〈論畫六法〉曰：「上古之畫，跡簡意澹而雅正，顧、陸之流是也；中古之畫，細密精緻而臻麗，展、鄭之流是也；近代之畫，煥爛而求備，今人之畫，錯亂而無旨，衆工之跡是也。」又卷十〈唐朝下〉評鄭町之畫「淡雅」，可見「淡雅」是我們繪畫很重要的一個條件，這種觀念的養成，可說與儒家及道家，均有極密切的關係。《論語》〈八佾篇〉中「繪事後素」及《老子》十九章中的「見素抱朴」的說法，似乎均不主張濃艷爲美，「淡」的相反是「濃」，「雅」的相反則爲「俗」，濃是色調用的重，重則對比強烈，稍一處理不當則易產生紛雜矛盾，形成了陸離的俗態。陳兆復曰：「俗是色彩的對比關係處理不當，過於強烈，過於刺激，不研究色彩本身的純度而任意配合，就往往產生這種惡俗的色調。」（註一），所以繪畫主張要「濃不堆垛，淡不輕薄」，回顧我國的繪畫，大都以簡淡爲上，鮮有以艷麗取勝者，如元代的四大家黃公望、吳鎮、倪瓚、王蒙，幾乎均是以「淡雅」爲宗，迄明、清乃至民國，無一出此例外，潘天壽評畫，常以「正從平淡出層奇」爲論，正是這個道理。

皎然《詩式》〈詩有六迷〉中曰：「以緩漫而爲沖澹」提出了「沖澹」是詩追尋的目標，而《詩品》之中亦有「沖淡」、「典雅」各一條，〈沖淡〉條云：「素處以默，妙機其微，飲之太和，獨鶴與飛，猶之惠風，荏苒在衣，閱音修篁，美曰載歸，遇之匪深，即之愈希，脫有形似，握手已違。」

〈典雅〉條云：「玉壺買春，賞雨茅屋，坐中佳士，左右脩竹，白雲初晴，幽鳥相逐，眠琴綠陰，上有飛瀑，落花無言，人淡如菊，書之歲華，其曰可讀。」，可見「沖澹」、「典雅」也是作詩的原則。《文心雕龍》〈明詩篇〉曰：「……至於張衡怨篇，清典可味；仙詩緩歌，雅有新聲。」又曰：「若夫四言正體，則雅潤爲本，五言流調，則清麗居宗。」，可見在南北朝時「典雅」已是作詩的要求條件了。

唐詩之中，主淡雅之詩人，可說比比皆是，如李白〈古風之一〉云：「自從建安來，綺麗不足珍」，乃是針對六朝艷麗的詩風而發，所以孟棨《本事詩》曰：「（李白）論詩云：梁陳以來，艷薄斯極。」，我們從李白的詩作中，也幾乎找不出濃艷的風格，再如孟浩然之詩，也是以淡雅爲宗，要不然杜甫的〈解悶十二首〉中，也不會評其詩爲：「復憶襄陽孟浩然，清詩句句盡堪傳。」再如白居易作詩，希老嫗皆解，並不在淫辭麗藻上用功夫，其〈策林六十八〉云：「雖雕章鏤句，將焉用之？」又曰：「淫辭麗藻，生於文，反傷文者也。」，我們當可窺知其主「典雅」之傾向。其他之詩人如虞世南（註二）、岑參（註三）、韓愈（註四）、杜牧（註五）、黃滔（註六）等，均有詩作要典雅的類似說法，唐末姚合編《極玄集》，評選王維等二十一位詩人，近百首之詩作爲一集，即以「清奇雅淡」爲標準，也就不足爲怪了。我國詩人詩主淡雅，自古而然，並不是起自於唐代，我們看《詩經》中的篇章，亦是濃艷則少，淡雅質樸者爲衆，晉代大詩人陶淵明之詩，全是以淡雅爲上，所以錢鍾書在〈中國詩與中國畫〉一文中，說西方的學者均稱讚中國詩高簡淡遠（註七），想來是其源有自的，唐以後，宋梅聖俞〈贈杜挺之詩〉云：「作詩無古今，欲造平淡難。」，葛立方《韻語陽秋》亦曰：「欲造平淡，當自組麗中來，落其華芬，然後可造平淡之境。」元好問〈論詩三十首之一〉詩云：「一語天然萬古新，豪華落盡見眞淳。」（註八），胡仔《苕溪漁隱叢話》後集卷二十四云：「聖俞詩工於平淡，自成一家，如〈東溪〉云：『野鳧眠岸有閒意，老樹著花無醜枝』〈山行〉云：『人家在何許？雲外一聲雞』〈春陰〉云：『鳩鳴桑葉吐，村暗杏花殘』〈杜鵑〉云：『月樹啼方急，山房人未眠。』似此等句，須細味之，方見其用意也。」，董其昌《容臺別集》卷一云：「作書與詩文，同一關捩，大抵傳與不傳，在淡與不淡耳。極才人之致，可以無所不能，而淡之玄味，必由天骨，非鑽仰之力，澄練之功，所可強入。」又《容臺文集》卷一〈詒美堂集序〉云：「昔劉邵人物志，以平淡爲君德，撰述之家，有潛行衆妙之中，獨立萬物之表者，淡是也。世之作者，極其才情之變，可以無所不能，而大雅平淡，關乎神明。非名心薄而世味淺者，終莫能近焉，談何容易？出師二表，表裡伊訓，歸去來辭，羽翼國風，此皆無車無逕，質任自然，是之謂淡。……」由以上所引之文。我們可知爲詩作畫欲造平淡之境，其實比濃艷尙難，因平淡乃是由濃麗幻化而成，就像王國維人間詞話中所說的「粗服亂頭，不掩國色」一般，那才是眞正的美麗，所以八大、石濤的畫望似平淡，其實一筆一劃皆是千錘百鍊而成，杜甫、王維之詩，看似平淡順口至極，其實一字一句皆人生之歷練，無一不是千般咀詠而來。藝術之美往往在一線之間，「濃」與「淡」，「巧」與「拙」的劃分，經常是一念之間，就像寫李北海與顏魯公的字，在結構、筆法上能得其精髓，則能做到醜中帶美，拙中有力的境界，若不具備分析其字的美學修養，或以輕意爲之，則字必寫得又醜又笨，全失其精神矣（註九），藝術之難，在於技與道兩相配合，有技無道則是「匠」，有道無技則是「誑」，作詩、作畫者能不愼哉。

【附註】

註 一　陳兆復著《中國畫研究》頁一六五。丹青圖書有限公司民國七十五年三月臺一版。

註 二　《新唐書》卷一〇二，本傳云：「帝（唐太宗）嘗作宮體詩，使賡和，世南曰：『聖作誠工，然體非雅正，上之所好，下必有甚者，臣恐此詩一傳，天下風靡，不敢奉詔。』帝曰：『朕試卿耳！』賜帛五十匹。」可見虞世南是詩主雅正的

註 三　岑參之詩論散見於各作品中，如〈酬成少尹駱谷見行〉贊美成賁的詩爲：「高價振臺閣，清詞出應徐。」又〈冀州客舍酒貽王綺寄題南樓〉稱美王綺爲：「富學贍清詞，下筆不能休。」，由其字裡行間，不難窺知其詩主清新之論。

註 四　韓愈作詩最傾心於李、杜，〈調長籍〉：「李杜文章在，光焰萬丈長。」其因未必不是出於李杜之詩自然而淡雅所致。韓愈之詩作中，往往可尋出主淡雅的蛛絲馬跡，如〈送無本師歸范陽〉：「姦窮怪受得，往往造平澹。」又如〈醉贈張秘書〉云：「張籍學古淡，軒鶴避雞群。」皆是。

註 五　杜牧〈獻詩啓〉：「某苦心爲詩，本求高絕，不務奇麗。……」可知其爲詩之主張。

註 六　黃滔〈答陳磻隱論詩書〉：「咸通乾符之際，斯道隳明，鄭衛之聲鼎沸，號之曰：今體才調歌詩，授雅

音而聽者憎，語正道而對者睡……。」由其言可知其詩論是主雅淡的。

註　七　錢鍾書〈中國詩與中國畫〉頁七：「從外國人看來，中國一般舊詩的特色也許正跟中國舊畫的一樣。斯屈萊芡（Lytton Strachey）的論文集（Characters and Commentaries）裏有一篇英譯中國舊詩的文章（An Anthology），在這篇文章裏，斯屈萊芡稱歎中國舊詩的縹緲（Intangible），輕淡（Light），富於含蓄（Suggestive），而結論說，在西洋詩裡最近魏爾蘭（Verlaine），同時，麥加賽（Desmond Mac Carthy）的論文集（Experience）也收著一篇講英譯中國舊詩的文章（The Chinese Ideal），也稱讚中國詩高簡淡遠，差不多能實現魏爾蘭論詩的理想。………」

註　八　元好問〈論詩三十首〉之一：「一語天然萬古新，豪華落盡見眞淳，南窗白日羲皇上，未害淵明是晉人。」見元遺山詩集（下冊）頁五六六。廣文書局民國六十二年六月初版。

註　九　筆者曾發表〈由顏魯公書法談及楷書的臨摹〉一文，中間論及顏眞卿楷書結構的許多美學問題。該文發表於《孔孟月刊》第二十三卷第六期，民國七十四年二月號。

第五節　細密精緻

藝術的創作，細密精緻是成功的第一步。書法的精嚴、繪畫的細膩、詩作的精練，其結果皆是由積砂成塔，一步步冶練中而來。繪畫先要有一絲不苟的精神，從最基本的臨摹做起，無論是運筆、構圖，先要亦步亦趨的完全像畫稿，經數年乃至數十年的磨練，能完全「入」之後，方能期完全的「出」，一旦能「出」，則距離成家不遠矣！有些畫家基本功夫不夠，純然模仿他人之畫，得其形似而全無其神，推究其因，不夠「細密精緻」，即是其因之一，藝術之難，在於一個「巧」字 國劇唱念之中所謂「四兩撥千斤」是也，可是這個「巧」字，得之談何容易？必須天份、用功，再加上長年的練習方可。《歷代名畫記》卷一曰：「……中古之畫，細密精緻而臻麗，展鄭之流是也，近代之畫，煥爛而求備，今人之畫，錯亂而無旨，衆工之跡是也。」可見「細密精緻」在張彥遠的心目之中，仍是相當重要的一個條件。近人陳兆復曰：「中國畫家在作畫之前，必須要有一個細緻的觀察過程，來掌握對象的生長規律和組織結構，比如人體的比例解剖的規律，岩石的體積質感的規律，花木的生長狀態的規律等等，以畫花爲例，中國畫對花卉的觀察就是很細緻的，不僅要知道這是甚麼花，甚麼顏色？還要去研究是艸本還是木本，葉子是輪生、對生還是互生，花瓣是單瓣還是複瓣，是單數還是雙數，還要去分析花葉的前、後、正、反的區別，俯、仰、轉、側的姿態，以及花蕊、花柄、花莖的各種特點等等。」（註二），這是在觀察上的細密功夫，至於在構圖上，也是需要一絲不苟。明・唐志契《繪事微言》曰：「畫必須靜坐，凝神存想，何處是山，何處是水，何處是樹，何處有樓閣寺觀，村莊籬落，何處是橋梁人物舟車，方可下筆，則丘壑纔新。不然，任意揮灑，非不可人，便是套頭矣！及至得了新丘壑，好住手，便住手，不住手，又多一番蛇足。」內行人道內行語，實爲的論。

作詩之理如同繪畫，亦需細密精緻，皎然《詩式》之中無具體的提出，但其《詩議》卻曰：「或曰：詩不要苦思，苦思則喪於天眞，此甚不然，固當繹慮於險中，采奇於象外，狀飛動之趣，寫冥奧之思……。」可見皎然主張作詩需苦思，換句話說就是步步爲營，一絲不苟。司空圖《詩品》則明揭「縝密」一條，其文曰：「是有眞跡。如不可知，意象欲生，造化已奇，水流花開，清露未晞，要路愈遠，幽行爲遲，語不欲犯，思不欲癡，猶春於綠，明月雪時。」這種「縝密」的觀念，在唐代倒是相當爲詩人所體會。杜甫、韓愈、李賀、賈島、孟郊、王昌齡等，均是以縝密見長，而其苦思凝慮也是見於典籍的。杜甫爲詩，所謂「意匠慘淡經營中」，已經到了一絲不苟的地步，李白譏其「太瘦生」，可知其用心之苦，韓愈作詩文，苦心積慮，年未四十，而視茫茫而髮蒼蒼而齒牙動搖，鄧椿《畫繼》曰其「昌黎作記，不遺毫髮」，絕非過論。李賀爲詩，《新唐書》卷二〇三載其母規勸曰：「要嘔出心乃已耳。」，其構思之細緻可知，賈島作詩，推敲益力，據《隋唐嘉話》之記載，曾用心失神，誤闖京尹韓愈之車駕。孟郊爲詩，「劌目鉥心，刃迎縷解，鉤章棘句，掐擢胃腎。」(註二一)，王昌齡爲詩，《唐才子傳》卷二曰其「昌齡工詩，縝密而思清，時稱『詩家夫子王江寧』。」這些均是唐詩人用思苦勤之範例。

作詩之道，務必勤讀苦學，並且人生歷練必須豐富，除此之外，用心與否則是成功之關鍵，《文心雕龍》神思篇：「是以陶鈞文思，貴在虛靜，疏瀹五藏，澡雪精神，積學以儲寶，酌理以富才，研閱以窮照，馴致以懌辭，然後使玄解之宰，尋聲律而定墨，獨照之匠，窺意象而運斤，此蓋馭文之首術，謀篇之大端。」，「研關窮照」之結果必細密而精緻，天下豈有毫不用心，大而化之，而能成就不朽之藝術品的道理。

嘗觀畫家作畫，望之似不經意，一毫在手，瞬間完成，也曾親睹詩人作詩，似乎漫不經心，捉毫立就，其實這是表面如此，累積數十年之功，其技已入化境，方能在極短時間完成一傑出之作，其實無一筆，無一字不是千錘百鍊而成，吳昌碩曰：「奔放處離不開法度，精微處照顧到氣魄」（註三），就是這個道理。

【附註】

註一　陳兆復《中國畫研究》頁十五。

註二　見韓愈所撰〈貞曜先生墓誌銘〉《全唐文》卷五六四。

註三　王家誠作《吳昌碩傳》，文見《故宮文物月刊》第四冊，頁一三六。

第六節　位置經營

畫的構圖與詩的結構，在美學上具有許多相通之處，如畫有畫眼，詩有詩眼，畫主襯托，詩也必須著重烘托，這些在布置經營上的原理，可說是完全相同的。《歷代名畫記》卷一云：「至於經營位置，則畫之總要，自顧、陸以降，畫跡鮮存，難悉詳之。……」，由《畫記》之言，益顯經營位置的重要。畫之構圖必須要有主題、層次，主題的位置，是採「中央式」（註一），亦或「半邊式」（註二），亦或「一角式」（註三），均應事先存於心中。宋・李成《山水訣》云：「凡畫山水，先立賓主之位，次定遠近之形，然後穿鑿景物，擺布高低。」清・王昱《東莊論畫》：「何謂位置？陰陽向背、縱橫起伏、開合銷結、迴抱勾托、過接映帶，須跌宕欹側，舒卷自如。」清・沈宗騫《芥舟學畫編》：「布局先須相勢，盈尺之幅，憑几可見，若數尺之幅，須掛之壁間，遠立而觀之，朽定大勢，或就壁或舖几上落墨，各隨其便。當於未落朽時，先欲一氣團練，胸中卓然已有成見，自得血脈貫通，首尾照應之妙，上幅難於主山，下幅難於主樹，水要有源，路要有藏，出處要有地面，下半少見平陽，脈落務須一串，山樹貴在相離，水口必求驚目，雲氣足令怡情，人物當簡而古，屋宇要樸而藏，偏局正局，俱應如是。」，以上所引之言，已說明了繪畫布局的重要。嘗見黃君璧、歐豪年等諸先生作畫，一筆在手，或沉思片刻，或憑空比劃，然後穎落尺楮，迅速揮灑，這就是成竹在胸，按圖索驥之功。誠然位置經營，望似容易，其實亦是長年累積的功夫，必須要在平日用心臨摹於畫稿，循前人之經驗與方法而爲己所吸收，另一方面尚需細觀萬物之百態，了然於心方可。

《文心雕龍》〈通變篇〉：「是以規略文統，宜宏大體，先博覽以精閱，總綱紀而攝契，然後拓衢路，置關鍵，長轡遠馭，從容按節，憑情以會通，負氣以適變，采如宛虹之奮鬐，光若長離之振翼，迺穎脫之文矣。」《文心》之言，施之於作詩亦無不可，蓋爲文作詩其理則一，湯木安云：「何謂佈局？就是要寫任何一種作品，必定先將全局中起承轉合，分配妥當。然後將辭語與意思連貫起來，一脈相通，完成篇幅，使人誦讀下去，感覺到眉目清醒，段落分明，而又活潑生姿，氣機流暢，不致有阻塞錯亂等病。否則一篇之中，縱有大半佳句，而章法紊亂，層次不清，或舛誤甚多，或格式不合，便難成爲完美無疵的高尙作品。」（註四），作詩的佈局技巧，換句話說也就是位置經營，也是從練習中獲得，祇是有的人習之於無形，並不知其然而已，但倘若分析其理論，於創作之時稍爲留意，就像寫字之時懂得美學的結構，化有法爲無法，則必收事半功倍之利。如作詩之時，懂得動詞及連接詞的重要，實字與虛字的互補，聲律及具有色彩之字的暗中烘托等技巧，則詩作絕不會到不堪入目的境地。

皎然《詩式》列有「明勢」一則，文曰：「高手述作，如登荊巫，覿三相鄢郢之盛，縈回盤礴，千變萬態，或極天高峙，崒焉不群，氣勝勢飛，合沓相屬，或修江耿耿，萬里無波；淡出高深，重複之狀，古今逸格，皆造其極矣。」，而其「詩有四深」之說，謂「氣象氤氳由深于體勢，意度盤礴由深於作用，用律不滯由深于聲對，用事不直由深於義類。」，皆是與詩的營作佈局有關，再檢閱其《詩議》中所列「詩有十五例」，更可明白他注重佈局的觀念。至於司空圖《二十四詩品》，乃是著重在作詩的基本精神，在經營位置上並沒有作明確的說明，但細閱其文，如「沈著」、「洗煉」、「縝密」、「流動」諸條，仍是與結構經營有關。唐代詩人詩作輝煌，如李白、杜甫、韓愈、柳宗元、李賀、賈島、王昌齡諸人，其詩作是相當注意位置經營的，如黃永武先生在《中國詩學設計篇》裡，曾標舉「嚴密的結構，可以增加詩的強度」一目，列舉「一字作綱」、「二股交綜」、「多方照應」、「前後鉤挑」四種型式來說明杜甫詩的結構技巧，這就是很好的範例。

【附註】

註一　如范寬〈谿山行旅圖〉即採主題中央式的構圖法，一座大山完全立於長一〇三·三公分的立軸之中，佔去了全幅掛軸五分之三的位置，這種構圖法，使得主題格外顯眼，予人以莊重，氣魄之感，但若處理不好，則易形成呆滯之病。

註二　半邊式構圖法，以夏珪爲最著名，如其〈觀瀑圖〉即是（見圖版十二），此種構圖方式，是將畫的主題放於整幅紙的二分之一處，另外二分之一則以空白經營之，這種畫法予人以清空之感，極能收虛實相生之效，但這種構圖法必須注重畫面平衡的問題，且要主題構圖嚴謹，無懈可擊，要不然易生鬆散，草率之病。

註三　「一角式」構圖法，以宋之馬遠爲最著名，故號「馬一角」，即是將整幅圖祇佔全幅紙絹的一個角落，而將大部份的虛白留在畫面上，如其〈月夜撥阮圖〉即是（見圖版十三），這種構圖法較半邊式構圖法更爲靈活，更容易收幽遠之致，但因祇佔整幅紙絹的四分之一角，所以畫的質、重量要夠，若不然易形成怪異偏頗之病。

註四　湯木安著《詩之作法與研究》頁二七·正中書局民國五十四年十一月臺二版。

第七節　氣象雄壯

《歷代名畫記》中曾提到「氣韻雄壯」（卷一）、「筆力雄壯」（卷十），但並未提及「氣象雄壯」的問題，但在卷十劉整條下曰：「劉整，任祕書省正字，善山水，有氣象，時有劉之奇，亦能山水。」，在自古以來的畫論中，首揭了「氣象」二字。關於「氣象」二字的直接含義，《畫記》之中無脈絡可尋，但由《梁書卷二十五》〈徐勉傳〉：「僕聞古往今來理運之常數，春榮秋落，氣象之定期」，按其語意指的是自然景象，再由杜甫〈秋興〉之八：「綵筆昔遊干氣象，白頭吟望苦低垂」（註一），依其意指的是自然景象呈現出來的氣勢。另外；孫聯奎《詩品臆說》：「高祖爲人，氣象近乎雄渾」這顯然是指人的精神面貌。由以上三種含意，無疑的杜甫〈秋興〉中的「綵筆昔遊干氣象」的「氣象」與《畫記》之義最爲接近。以筆者之見，氣即「氣勢」之義，象乃「形象」之義，所謂一幅畫的「氣象」，無疑的是指其「氣勢形象」而論。一幅畫要如何造成有「氣象」呢？不外構圖、運筆二個條件，構圖嚴謹恢宏，則畫易有氣象，若鬆散畏葸，則畫必無氣象，運筆健挺渾厚，則畫易有氣象，若柔弱單薄，則畫必無氣象，有氣象的畫必是雄壯而耐看的，而不雄壯的畫絕無氣象可言，所以氣象總是與雄壯連用，想來是有相當道理的。

《詩式》〈詩有四深〉中，有「氣象氤氳由深于體勢」之語，「氤氳」二字，出於《易》〈繫辭下〉：「天地絪縕，萬物化醇」（註二），依其意應是指天地陰陽之氣聚合深厚，而化生無窮之意，

《詩式》之言，乃是詩作有體勢，則氣象易變化。文學藝術變化是很重要的一個原則，變化則易精益求精，變化則易脫離僵硬，當然變化結果若能雄壯，則是再好不過的事，姜夔《白石道人詩說》曰：「詩自有氣象」又曰：「氣象欲其渾厚」，周紫芝《竹坡詩話》曰：「東坡嘗有書與其侄云：『大凡爲文，當使氣象崢嶸，五色絢爛』，余以爲不但爲文，作詩者尤當取法於此。」由以上之語，我們可以知道作詩要求氣象雄壯，這種說法是絕對可以成立的。歷代詩評中首先提到「盛唐氣象」的，是嚴羽《滄浪詩話》，他在〈考証〉中曰：「迎旦東風騎蹇驢，決非盛唐人氣象，只似白樂天語。」我們依其語意可以看出盛唐的詩，氣象是很重要的一個條件。依筆者淺見，國家的強弱在文學藝術上最能表現的出來，漢、唐盛世的文學藝術，的確有雄壯恢宏的氣象，即以唐代盛世的藝術來論，無論雕刻、繪畫、書法諸方面，均透露了大方、圓融、雄壯的特色，渾厚與氣魄，幾乎是唐代盛世美學上的一致要求。詩作上亦是如此，我們看盛唐的詩人如李白、杜甫、高適，岑參、王昌齡、王翰諸人的詩，在氣象雄壯的風格上，的確與初唐、晚唐人不同，皎然《詩式》之作，時代乃在中唐之際，但因時代傳承之影響，仍稟襲了傳統美學的觀念，所以他首揭「氣象」二字，這是相當自然的事。

司空圖《詩品》並無〈氣象〉一條，但其二十四條中的首條，即標出〈雄渾〉二字，文曰：「大用外腓，眞體內充，反虛入渾，積健爲雄，具備萬物，橫絕太空，荒荒油雲，寥寥長風，超以象外，得其環中，持之非強，來之無窮。」，觀其語意；所謂「大用外腓，眞體內充，反虛入渾，積健爲雄」，我們除了認定它是氣以外，還能作何解釋呢？再如第七條的〈豪放〉，文曰：「觀花匪禁，吞吐大荒，由道反氣，處得以狂，天風浪浪，海山蒼蒼，眞力彌滿，萬象在旁，前招三辰，後引鳳凰，曉策六鼇，濯足扶桑。」，分析其意，亦寓寄了「氣象」的涵義，劉熙載《藝概》〈詩概〉中云：「山之精神寫不出，以煙霞寫之，春之精神寫不出，以草樹寫之，故詩無氣象，則精神亦無所寓矣。」對「氣象」一詞的強調，可謂一語中的。

畫的氣象雄壯是靠結構與運筆而造成，那麼詩的氣象雄壯要靠何種因素造成呢？吾以爲亦靠結構與用字而造成。在結構方面，我們可以靠數目的對比、視野的提昇、距離的加大，速度的增快、過份的誇張等技巧，而製作出氣象雄壯的效果，如杜甫〈登岳陽樓〉一詩：「昔聞洞庭水，今上岳陽樓，吳楚東南坼，乾坤日夜浮，親朋無一字，老病有孤舟，戎馬關山北，憑軒涕泗流。」即是利用視野的遼闊與提昇而達成氣象輝煌雄壯的效果，「昔」與「今」的時令快速轉移，已造成相當的氣勢，緊接著將視野上移，納吳楚於眼下，置日夜於湖中，怎麼會不造成偉大的氣象呢？再如其〈望岳〉一詩：「岱宗夫如何？齊魯青未了，造化鍾神秀，陰陽割昏曉，盪胸生層雲，決眥入歸鳥，會當凌絕頂，一覽衆山小。」，全詩氣象偉大，魄力驚人，如「盪胸生層雲，決眥入歸鳥」句，胸藏層雲，目羅飛鳥，這也是視野提昇的效果，胸與雲齊，目納歸鳥，這是何等壯碩偉大。再如王之渙〈出塞〉一詩：「黃河遠上白雲間，一片孤城萬仞山，羌笛何須怨楊柳，春風不度玉門關。」，一、二句即是利用視野上移與數目對比而造成恢宏的氣象。利用結構而造成氣象，此種例子甚多，筆者爲省筆墨，即不一一列舉。至於用字造成氣象的雄壯，這可在形、音、義三方面來推敲，如在義方面，天地、乾坤、日夜、滄海、大漠等字眼，就要比微雨、細柳、珠簾、春風等來的雄偉。在音方面，一般來說，開口音要比齊齒音恢宏，平聲要比入聲開朗。在形方面，若一首詩某一字數度出現，必要慎重處理，否則在氣象上必減少雄偉的空間，再如同偏旁之字，若一連三個以上連貫出現，非但在字形上不易變化，且予人以窒礙之感，這也會減低氣象的空間領域，如韓愈之詩，一般還不錯，其〈八月十五夜贈張功曹〉詩：「纖雲四捲天無河，清風吹空月舒波」句，不能說沒有氣象，但是其〈陸渾山火和皇甫湜用其韻〉一詩，中有「虎熊麋豬逮猴猿，水龍鼉龜魚與鼋，鴉鴟雕鷹雉鵠鵾，燖炰煨爊孰飛奔」句（註三），偏旁重疊，用字怪異，若論及氣象，實在也就談不上了。

【附註】

註　一　《全唐詩》卷二百三十。

註　二　氤氳與絪縕同，亦作煙熅。《釋文》絪，本又作氤；縕，本又作氳。

註　三　書名同註一，卷三百三十九。

第八節　氣脈通連

一切藝術均講求自然流暢，所謂「氣脈通連」這是相當重要的條件，書法、國畫均注重行氣，如畫萬年青、葫蘆等的莖藤，若行氣不順，尚有何看頭？再如寫行書與草書，首重行氣的呼應，如沒有公孫大娘舞劍器的絲帶功夫，其餘不足觀也！《歷代名畫記》卷二云：「昔張芝學崔瑗、杜度草書之法，因而變之，以作今草書之體勢，一筆而成，氣脈通達，隔行不斷，唯王子敬明其深旨，故行首文字，往往繼其前行，世上謂之一筆書，其後陸探微亦作一筆畫，連綿不斷，故知書畫用筆同法。」張彥遠對藝術是有相當沉潛的功夫的，他老早看出「氣脈通連」的重要。國畫切忌水無源頭，路無行徑，雖然在畫面上不一定要表現出來，但是必須交待清楚，意思上要做到方行，藝術最忌打馬虎眼，山巒疊翠，流水潺潺，無一筆苟且，無一處不精心設計，這樣才能成爲一幅好作品。元．黃公望《寫山水訣》曰：「山水中用筆法，謂之筋骨相連。」清．沈宗騫《芥舟學畫編》曰：「布局先須相勢，盈尺之幅，凭几可見，若數尺之幅，須掛之壁間，遠立而觀之。朽定大勢，或就壁或鋪几上落墨，各隨其便。當於未落朽時，先欲一氣團練，胸中卓然已有成見，自得血脈貫通，首尾照應之妙。」人若氣脈貫通，必精神康健，行動活潑，書法若氣脈貫通，必呼應生姿，流動有趣，繪畫若氣脈通達，當然必生靈活動，絕無僵硬之氣了。潘天壽《畫論》論〈開合〉中所談的「起、承、轉、結」（註一），說穿了就是畫要有承應，也就是爲了氣脈能通暢的目的。畫的氣脈通連主要在用筆上見功夫，提按有致，游絲不斷，轉折處最爲重要，倘以中鋒出之，速度、意念能把握的好，自然行氣就不易中斷。

畫須氣脈通達，爲文作詩其實也需如此，皎然《詩式》〈明作用〉曰：「作者措意，雖有聲律，不妨作用，如壺公瓢中自有天地日月，時時拋鍼擲線，似斷而復續，此爲詩中之仙，拘忌之徒，非可企及矣。」他談到「拋鍼擲線，似斷而復續」，這已觸及氣脈通連的道理，祇是他一語帶過，並沒有作進一步的闡述，不過他在〈明作用〉中談及，可見他已約略會意氣脈的重要性了。司空圖《詩品》則有〈流動〉一條，文曰：「若納水輨，如轉丸珠，夫豈可道，假體如愚，荒荒坤軸，悠悠天樞，載要其端，載同其符，超超神明，返返冥無，來往千載，是之謂乎。」詩要流動，必須要「若納水輨，如轉丸珠」，流動是活，呆滯當然是死，轉動丸珠，當然要連續動作，這種道理其實就是氣脈相連的另一面說法，桐城派論文最主起、承、轉、合，這與潘天壽《畫論》的起、承、轉、結，豈非完全是一個道理？畫要氣脈通連最主要在轉折處，那麼作詩要氣脈通暢，究竟技巧在那裡呢？追根究底也在轉折之處，不過詩另外尚牽涉到聲律的問題而已，所以作詩所謂的轉語字極爲重要，若再能配合動詞的巧妙應用，詩必能作得活龍活現，如杜甫〈聞官軍收河南河北〉：「劍外忽傳收薊北，初聞涕淚滿衣裳，卻看妻子愁何在？漫卷詩書喜欲狂，白日放歌須縱酒，青春作伴好還鄉，即從巴峽穿巫峽，便下襄陽向洛陽。」中間「忽」、「初」、「卻」、「即」、「便」等字，用字一瀉而成，更增加了詩的流動通暢之美，詩的典重靠實字的成份居多，而詩的靈活卻靠虛字的應用爲主，實虛相濟，輕重相輔，文學藝術的美麗動人，往往就是如此造成的。

【附註】

註　一　參潘天壽《畫論》頁七五。華正書局印行。

第九節　自出新意

藝術貴創造，這是千秋不易的定理，古今中外的畫家、詩人如果不能獨樹一己之風格，充其量也不過是二流角色而已，絕不算眞正一流的大家，西方的畫家如莫奈（Claude Monet西元一八四〇至一九二六）創立了印象派的畫風，馬蒂斯（Henri Matisse，西元一八六九至一九五四）創立了野獸派的畫風，甚至梵谷（Vincent Van Gogh，西元一八五三至一八九〇）、高更（Paul Gauguin，西元一八四八至一九〇三）、畢加索（Pablo Picasso，西元一八八一至一九七三）等，無不是隨時求新、隨時求變的大畫家，中國的歷代國畫家也是如此，王維、范寬、李成、黃公望、石濤、任伯年、吳昌碩、齊白石等均是各有各的風格，每一個人均在力求自己的突破，一個畫家若是祇能祖武前輩，毫無創新，那也不能稱之爲一個了不起的藝術家了。因此《歷代名畫記》亦著眼於「新意」的重要。卷六云：「袁倩，謝云：北面陸氏，最爲高足，象人之妙，亞美前修，但守師法，不出新意。」同卷又云：「顧景秀，宋武帝時畫手也，在陸探微之先，居武帝左右，……謝云：神韻氣力，不足前修，筆精謹細，則逾往烈，始變古體，創爲今範，賦彩制形，皆有新意。……」卷七云：「焦寶願，姚最云：早游張謝，靳固不傳，傍求造請，事均盜道，衣制樹色，皆自新意。」卷九云：「思訓子昭道，林甫從弟也，變父之勢，妙又過之。」卷十云：「劉商，官至撿校禮部郎中，……初師於張璪，後自造眞爲意。」，在「新意」的訴求上，一再的出現，可知張彥遠重視的程度，清・黃崇惺《艸心樓讀畫集》曰：「吾於畫，不知所謂南北宗派也，當吾意而已，吾作山水樹石，不知所謂陰陽向背也，得物之天而已，當吾意，則不必悅世眼，得物之天，則雖尺幅之內，天與地卑，山與澤平，無害也。」（註一），這就是自出新意的執著。清・盛大士《谿山臥遊錄》云：「古詩家皆以善變爲工，惟畫亦然，若千篇一律，有何風趣，使觀者索然乏味矣。」（註二），所以詩畫必須以善變爲工，不可使觀者索然無味。齊白石曰：「學我者生，似我者死。」（註三），凡畫得神者生，貌似失神者死，他的意思是學其畫之技法、學養必能得到繪畫的竅門，但是最後一定要獨創自己的風格。若僅習其畫之形貌，則形似而無神，如槁木死灰，自無生命力之可言，更遑論創新？李可染也一再主張「鑽得進去，攻得出來。」（註四），潘天壽更是強調「畫貴自立」、「藝術必須有獨特的風格。」（註五），這些都是貴獨創的千古不易眞理。

作詩爲文，古今中外也是主張求變求新，《文心雕龍》〈通變篇〉曰：「夫設文之體有常，變文之數無方，何以明其然耶？凡詩賦書記，名理相因，此有常之體也，文辭氣力，通變則久，此無方之數也。名理有常，體必資於故實；通變無方，數必酌於新聲；故能騁無窮之路，飲不竭之源，然綆短者銜渴，足疲者輟塗，非文理之數盡，乃通變之術疏耳。故論文之方，譬諸艸木，根幹麗土而同性，臭味晞陽而異品矣。」《文心》求變之論，實爲文學生生不息之要領，皎然《詩式》中無明揭「自出新意」的具體字句，但其《詩議》中卻曰：「凡詩者，唯以敵古爲上，不以寫古爲能，立意於衆人之先，放詞於群才之表。獨創唯取，使耳目不接，終患倚傍之手。或引全章，或插一句，以古人相黏二字、三字爲力，廁麗玉於瓦石，植芳芷於敗蘭，縱善，亦他人之眉目，非己之功也，況不善乎？時人賦孤竹則云『冉冉』，詠楊柳則云『依依』，此語未有以前，何人曾道。謝詩云：『江菼亦依依』故知不必以冉冉繫竹、依依在楊。常手傍之，以爲有味，此亦強作幽想耳。且引靈均爲證，文譎氣貞，本於六經，而製體創詞，自我獨致，故歷代作者師之，此所謂勢不同，而無模擬之能也。」由其語意可知皎然是主張創新的。司空圖《詩品》亦無有關「新意」的條列，但我們可以斷言他是主張自創新意的，因其將詩論臚列爲二十四條，即爲一大創見。《司空圖表聖文集卷三》自云：「愚爲詩爲文一也，所務得諸己而已，未嘗摭拾前賢之謬論。」很顯然的他是主創新的，其實唐代除詩論外，其他如詩格、詩集等，幾乎均力主自創新意之說，如殷璠《河嶽英靈集》曰岑參：「語奇體峻」（註六），既云「語奇」，當然有創新之意。再如高仲武《中興間氣集》曰錢起：「體格新奇，理致清贍」（註七），所謂「體格新奇」，當然亦有自出新意之意。

唐代詩人主張「自出新意」者，比比皆是，如李白〈古風〉一詩云：「醜女來效顰，還家驚四鄰，壽陵失本步，笑殺邯鄲人，一曲斐然子，雕蟲喪天眞，棘刺造沐猴，三年費精神，功成無所用，楚楚且華身，大雅思文王，頌聲久崩淪，安得郢中質，一揮成斧斤。」（註八），杜甫〈江上値水如海勢聊短述〉詩云：「爲人性僻耽詩句，語不驚人死不休，老去詩篇渾漫興，春來花鳥莫深愁，新添水檻供垂釣，故著浮槎替入舟，焉得思如陶謝手，令渠述作與同遊。」（註九），李商隱〈上崔華州書〉一文云：「愚生二十五年矣，五年誦經書，七年弄筆硯，始聞長老言，學道必求古，爲文必有師法，常悒悒不快。退自思曰：夫所謂道，豈古所謂周公、孔子者獨能邪？蓋愚與周孔俱身之耳。以是有行道不繫今古，直揮筆爲文，不愛攘取經史，諱忌時事，百經萬書，異品殊流，又豈能分出其下哉！」（註一〇），詩人之主創新，由此可證。文學、藝術從事者，必須功夫紮實，歷經多年磨練後，方可期「自創新意」，這就是李可染所謂先鑽得進去方攻得出來的道理，時下許多書畫從事者，習書畫不過數年或十數年，即急於成名謀利，竟至故作創新變革狀，其實除一味作怪外，別無可取，以筆者淺見，藝術不必故意求新求變，隨年華、功夫之日增，迄水到渠成之時，再益之以一己之品德高尚，學識淵博，必有獨特風格之出現，又何必急於一時之浮名呢？

【附註】

註　一　見《美術叢書》第一冊，頁八五至八六，廣文書局印行。

註　二　引自〈畫論隨筆〉一文，文見《中華藝林叢論・藝術類》第一集，頁三十一。文馨出版社印行，民國六十五年二月初版。

註　三　《李可染畫論》頁一二六，丹青圖書有限公司，民國七十四年十月台一版。

註　四　書同註三，頁一二五。

註　五　《潘天壽談藝錄》頁六十五，丹青圖書有限公司，民國七十六年台一版。

註　六　殷璠《河嶽英靈集》，見於《唐人選唐詩》頁八一一。香港中華書局於一九五八年出版。

註　七　高仲武《中興間氣集》見於《唐人選唐詩》頁二五七。

註　八　《全唐詩》卷一百六十一。

註　九　書同註八，卷二百二十六。

註一〇　書同註八，卷七百七十六。

第十節　意思高邁

張彥遠《畫記》中並無「意境」二字之出現，僅在卷一中曰：「夫象物必在於形似，形似須全其骨氣，骨氣形似，皆本於立意。」另外；在卷十中，數度提到「意」這個字，如：「齊皎，……觀其意趣雖高，筆力未勁。」、「劉商，……初師於張璪，後自造眞爲意。」、「蕭祐，畫山水，甚有意思。」、「侯莫陳夏，字重搆，工山水，用意極精。」，可見張彥遠是很注重繪畫是要有「意」的。《說文》十篇下：「意，志也，從心音，察言而知意也。」由《說文》之言，我們不難窺出「意」與

「心」有密切的關係，所以江兆申先生曰：「……畫家把不同朝向的使成爲同一朝向，不同境域的使成爲同一境域，剎那之境使成爲永恒，近得其詳，遠得其略；而皆一一賦與性靈，相生相讓，無不合理，在胸中形成一嶄新境界，此之謂『意境』。」（註一），又《中華藝林叢論．藝術類》第一冊〈談中國繪畫的特點〉一文曰：「中國繪畫，大抵到盛唐以後，『意境』的創造普遍地爲畫家們所注意了，張彥遠在歷代名畫記論畫六法中說：『夫象物，必在於形似，形似須全其骨氣，骨氣形似，皆本於立意。』，這個『立意』，就是『意境』。」（註二），由以上的結論，我們可以確言，《畫記》中一再提到的「意」，其實就是「意境」的涵意，以筆者淺見，意境；我們不妨視爲：「用心的範圍程度。」因爲「境」之出現，首先見於《戰國策》〈秦策〉：「楚使者景鯉在秦，從秦王與魏王遇於境。」，當時的境；顯然是指邊界而言。《說文》三篇上：「竟，樂曲盡爲竟。」段玉裁注：「曲之所止也，引申之凡事之所止，土地之所止皆曰竟。」，《說文．田部》：「界，竟也。」段注：「竟俗作境，今正。樂曲盡爲竟，引申爲凡邊界之稱，界之言介也。介者，畫也。畫者，介也，象田四界。」，依《說文》之意，境顯然有範圍之意。其實一切文學藝術，乃至萬般事物，皆以用「心」爲尙，用心則意高，無心則意低，所以此節標目爲「意思高邁」，即是從《畫記》中「意趣雖高」而來。

繪畫要「意思高邁」，換句話說；要「意境高」，必須自「心」做起，心高則意高，但要心高則談何容易，必須從多方面冶鍊而成，如品德、學問、見識、性格乃至身體狀況等，均包含在內，最後方能在繪畫的結構與用筆上表現出來，所以意境乃是一個畫家或文學家「道」與「技」的綜合表現，籠統言之，甚為抽象，若抽絲剝繭，一一分析，我們就不難了解「意境」所含的成份了。

「意境」一詞在畫論中真正的出現，那是見於清．笪重光《畫筌》之中，文曰：「繪法多門，諸不具論，其天懷意境之合，筆墨氣韻之微，于茲編可會通焉。」，不過遠在他之前的郭熙《林泉高致》中云：「詩是有形畫，畫是無形詩，……境界已熟，心手已應，方始縱橫中度，左右逢源。」已開「境界」之先聲，而其真正的萌芽者，我們仍不能不首推張彥遠的《歷代名畫記》。

「意境」二字，在詩論中，從現存的歷史資料中，最早見於王昌齡的《詩格》，文曰：「詩有三境，一曰物境，欲為山水詩，則張泉石雲峰之境，極麗絕秀者，神之於心，處身於境，視境於心，瑩然掌中，然後用思，了然境象，故得形似。二曰情境，娛樂愁怨，皆張於意而處於身，然後馳思，深得其情。三曰意境，亦張之於意而思之於心，則得其真矣。」，《詩格》之中的三境，其實均與用心有關。這種理論，迄皎然《詩式》，又進一步的發揮，其〈取境〉條云：「詩不假修飾，任其醜朴，但風韻正，天真全，即名上等，予曰不然。無鹽闕容而有德，曷若文王太姒有容而有德乎？又云不要苦思，苦思則喪自然之質，此亦不然；夫不入虎穴，焉得虎子，取境之時，須至難至險，始見奇句，成篇之後，觀其氣貌，有似等閒，不思而得，此高手也，有時意靜神王，佳句縱橫，若不可遏，宛若神助，不然；蓋由先積精思，因神王而得乎？」，又〈辨體有一十九字〉云：「夫詩人之思初發，取境偏高，則一首舉體便高，取境偏逸，則一首舉體便逸。」，依皎然之意，作詩是需要用心的，並且用心的範圍程度要高取，高取則高得，當然用心低，則必低得了。

司空圖《詩品》，有〈實境〉一條，文曰：「取語甚直，計思匪深，忽逢幽人，如見道心，清澗之曲，碧松之陰，一客荷樵，一客聽琴，情性所至，妙不自尋，遇之自天，泠然希音。」，依楊廷芝《司空圖詩品解說二種》中的解釋，認為司空圖乃是從實境出發，而出於虛，於是有餘音裊裊之致（註三），筆者以為司空圖作詩仍主張用思，所以他說：「取語甚直，計思匪深。」，衹是他的「思」要順著實境而已，不要拂逆了自然。換種角度來說；也就是「思與境偕」的主張，其〈與王駕評詩書〉曰：「五言所得，長於思與境偕，乃詩家之所尚者。」最足以說明他的主張。

【附註】

註　一　見江兆申〈書與畫〉一文，《故宮文物月刊》第一期，頁一〇六。

註　二　《中華藝林叢論．藝術類》第一冊，頁八七。

註　三　楊廷芝《司空圖詩品解說二種》頁一一四：「語之取其甚直者，皆出於實，……希音者，上天之載，寂然無聲，實固盡出於虛耳。」

第六章　唐代重要詩論與畫論對後世之影響

第一節　唐代重要詩論之論評

唐代重要詩論，毫無疑問的是皎然《詩式》與司空圖《詩品》二部著作，南北朝時之鍾嶸雖首作《詩品》一書，但其主旨在追溯詩人的源流，品第詩人的優劣，若談及論述詩歌風格及作詩的要領，仍是以皎然爲先，他幼年即與釋道結緣，中年而後，更是與禪師交往頻繁（註一）。《詩式》卷一中其序云：「貞元初，予與二三子居東溪艸堂，每相謂曰：世事喧喧，非禪者之意，假使有宣尼之博識，胥臣之多聞，終朝矜道侈義，適足以擾我眞性，豈若孤松片雲，禪座相對，無言而道合，至靜而性同哉！吾將深入杼峰，與松雲爲侶，所著詩式諸文筆，並寢而不紀，因顧筆硯笑而言曰：我疲爾役，爾困我愚，數十年間，了無所得，況你是外物，何累於我哉！往既無心，去亦無我，予將放爾各還其性，使物自物，不關於予，豈不樂乎？遂命弟子黜焉。」，由文中之言，可知皎然爲禪學影響之深，因此其《詩式》顯然受了禪宗的影響，如卷一中「辨體十九字」及「取境」條，所謂「取境偏高，則一首舉體便高，取境偏逸，則一首舉體便逸」、「有時意靜神王，佳句縱橫，若不可遏，宛如神助。不然，蓋由先積精思，因神王而得乎！」，這種取境與神會的主張，對後世神韻派詩論，產生了極大的影響。又卷一〈重意詩例〉條：「兩重意以上，皆文外之旨，若遇高手如康樂公，覽而察之，但見情性，不睹文字，蓋詣道之極也。」，這種「但見情性，不睹文字」的觀念，更下開爲詩的「文外之旨」說，更肯定了皎然爲「言外之意」神韻旨趣詩論的第一人。不過《詩式》因斷簡殘篇之故，如一卷本頗爲雜碎，又用語過於隱喻及簡化，未能與後代許多詩論星月交輝，但其首創之功，足以留芳千古。

司空圖《詩品》，歷代均有褒貶之論，如蘇軾〈書黃子思詩集後〉曰：「恨當時不識其妙。」，《四庫全書總目提要卷一百九十五》曰：「其持論非晚唐所及，故是書亦深解詩理。」劉熙載《藝概》卷五曰：「司空表聖之二十四詩品，其有益於書也，過於庾子愼之書品。」，以上均爲褒獎之詞，但亦有貶之者，如林昌彝《海天琴思錄》云：「詩之品何止二十四，況二十四品中相似者甚多。」翁方綱《石洲詩話》云：「論詩亦入超詣，而其所作全無高韻，與其評詩之語竟不相似，此誠不可解。」許印芳《詩法萃編》〈與李生論詩書後識〉云：「自表聖首揭味外之旨，逮宋滄浪嚴氏，專主其說，衍爲詩話，傳教後進，初學之士無高情遠識，往往以皮毛之見窺測古人，沿襲摹擬，盡落空套，詩道之衰，常坐此病。」，其實平心而論，《詩品》用語過於抽象，全然以自然界之花鳥景象釋詩，的確使人有難解之處，至於其分類多樣，倒也未必是缺點，藝術文學之美本以多樣呈現，燕瘦環肥，實難取斷，晚霞晨曦，各有佳境，不過他既以詩之品來論詩，又標其眉目，理應僅就分類而言，二十四詩品中，卻有夾雜偏於作詩之法的論評，如「實境」、「形容」諸條，顯然有體系冗雜之病，但由《司空表聖詩集》〈與伏牛上長老偈二首〉其二云：「長繩不見繫空虛，半偈傳心亦未疏，推倒我山無一事，莫將文字縛眞如。」，再由《司空表聖文集》卷九〈澤州靈泉院記〉云：「律刑也，經誥也，禪乃誘勸之宗，辨其性而後入人耳，其道至隱，其功至博，不可廢也。」，我們可知他是一個深受禪學影響的隱士（註二），既然「莫將文字縛眞如」，可見他作《詩品》之時，亦是在極其自然的環境中完成，並沒有著意於月旦或文以載道的思想，但其「不著一字，盡得風流」的結果，卻造成了我國爲藝術而藝術的文學觀，細細揣摩其詩論，反倒切應美學的要求，即施之以繪畫、書法亦頗實用，上承皎然神韻旨趣，下開「韻外之致」、「味外之旨」的純文學觀，其功勞至大，其影響至遠，卻是無心而獲致的。

【附註】

註一　皎然生平，據許清雲《皎然詩式研究》一書，曰其早歲曾投寄於江寧長千古寺多年，時有向道學佛之心。又據《高僧傳》云：「及中年謁諸禪師，了心地法門，與武丘山元浩會稽靈澈爲道交。」，可知中年而後，與禪師交往頻繁。

註二　《舊唐書》卷一百九十下。司空圖本傳云：「圖有先人別業在中條山王官谷，泉石林亭頗稱幽棲之趣，自考槃高臥，日與名僧高士遊詠其中。」，唐末禪宗已極爲盛行，証之以《詩品》及《司空表聖文集》中之觀念及用語，可知他必受禪學之影響。

第二節　唐代重要畫論之論評

唐代重要畫論，毫無疑問的以朱景玄《唐朝名畫錄》及張彥遠《歷代名畫記》二本爲最重要，《名畫錄》較《畫記》時代爲早，當然有保存唐代畫家及其作品著錄的功勞，它將唐代畫家分爲「神、妙、能、逸」四品，其中神、妙、能三品又各分上、中、下三等，唯逸品僅列一等，並沒有再細分爲上、中、下三等，此外又列：「空有其名不見蹤跡，不可定其品格者凡二十五人。」，錄有唐代畫家之名共一百二十二人，但其中舛誤者不少，如「能品下二十八人」中，每人均稍所提及，唯李湊一人，隻字不提（註一），顯然體例有所缺失，其書除錄畫家人名及其所善外，關於繪畫之師承、源流、技巧等，均所載匪多，且篇幅不長，所論有限，較之《畫記》，則遜色多矣。

《歷代名畫記》全書分十卷，洋洋數萬言之衆，其重要性筆者已於本論文第二章第四節中稍爲提及，現則細敘如下：

彥遠家代好尚，貴冑之後，以其家藏書畫的情形，必是書香之家，所以其畫論深受儒家思想之影響（註二），與唐代詩論的作者皎然、司空圖深受道禪思想之影響，頗爲不同，又其因時處唐末，佛教盛行，故其立論也兼採佛學思想，飽讀詩書，見識廣博，所以其畫論頗爲中肯，並沒有任何偏激之見，唐代其他畫論，大都散佚殆盡，有賴《畫記》著錄，如今《畫拾遺錄》、《續畫品錄》、《畫斷》、《繪境》四書，能有片言隻字留傳於後，皆《畫記》之功也。世之所謂「文人畫」，大都採董其昌之意見，以爲出自王維，細索其言，乃受之於蘇軾之看法，其實筆者以爲此觀念之首創者，不得不首推張彥遠《畫記》卷一之語，文曰：「自古善畫者，莫匪衣冠貴冑，逸士高人，振妙一時，傳芳千祀，非閭閻鄙賤之所能爲也。」，彥遠獨具慧眼，認清了畫家必備的條件，那就是飽讀詩書方能期畫作留芳千古，而這不是畫匠所能爲之事，因此他才說：「非閭閻鄙賤之所能爲也。」，這種觀念豈不是開了文與畫緊密結合的因子？唐代詩畫兼具的才人，雖頗不乏人，究竟不如宋以後爲多，宋、元以降，凡畫家幾乎必爲文人，是文人必善書畫，此種現象的養成，彥遠之始論，必具相當的影響，雖文人善畫，自古而然，但彥遠明揭其象，並著之於文字，其首言之功，實不可沒。至於繪畫技巧方面，如氣韻、筆力、縝密等，其犖犖大者，前章已分節論之，其他瑣碎論及有關技巧者，尙所在多有，如卷一：「吳興茶山，水石奔異，境與性會，乃召於山中寫明月峽，……。」其「境與性會」的說法，豈非王士禎神韻派詩論「興會神到」說之前奏？《四庫全書總目提要》卷一百十二曰其「（歷代名畫記十卷），唐張彥遠撰，自序謂家世藏法書名畫，收藏鑒識，自謂有一日之長，案唐書稱彥遠之祖宏靖，家聚書畫侔祕府，李綽尙書故實，亦多記張氏書畫名蹟，足証自序之不誣，故是書述所見聞，極爲賅備。……」余紹宋《書畫書錄解題》曰其：「是編爲畫史之祖，亦爲畫史最良之書，後來作者雖多，或爲類書體裁，或則限於時地，即有通於歷代之作，亦多有所承襲，未見有自出手眼，獨具卓裁如是書者，眞傑作也。」，此外如俞劍華《中國畫論類編》、鄭昶《畫學全史》諸書，均深加褒獎，《畫記》之重要，竟與《文心雕龍》、《史記》並論，其於畫論之貢獻，由是可見。

【附註】

註　一　《唐朝名畫錄》〈能品下二十八人〉列有：「黃諤、耿昌言、盧弁、王朏、檀章、吳玢、陳庶、白旻、曹元廓、田深、梁黃、蕭溱、蕭悅、程遜、樂峻、項容、陳庭、董奴子、衛芋、陳淨心、陳淨眼、梁洽、裴遼、張涉、韓伯達、張容、僧道玠、李湊」等二十八人，但後之介紹文字曰：「黃諤畫馬，獨善於時，今菩提寺佛殿中有畫，自後難繼其縱。曹元廓、韓伯達、田深畫馬，筋骨氣力如眞，及盧弁貓兒，白旻鷹鴿，蕭悅竹，又偏妙也。梁廣、程遜、董奴子、衛芋、陳庶、梁洽皆以花鳥松石寫眞爲能，不相讓也。檀章、耿昌言、吳玢、樂峻、項容、陳庭、裴遼、僧道玠皆圖山水，曲盡其能，陳淨心、陳淨眼畫山水，功德皆奇，王朏、蕭溱、張涉、張容皆士女之特善也。」，參之其他版本，梁廣前作梁黃，乃手民之誤，但遺漏「李溱」之介紹文字，乃爲事實。

註　二　《畫記》之中，動則稱「成教化，助人倫。」又引《周官》教國子以六書之義，此外：《廣雅》、《說文》、《爾雅》諸書，均一再引用，所引前賢之人，有王充、陸機、顏之推等，均爲儒家思想系統者流，由是可證其受儒家思想影響之深。

第三節　唐代重要詩論對後世之影響

皎燃《詩式》影響後世詩論頗鉅，日人遍照金剛的《文鏡祕府論》即深受其影響，如〈南卷〉論文意：「夫詩工創新，以情爲地，以興爲經，然後清音韻，其風律麗句，增其文彩，如楊林積翠之下，翹楚幽花，時時開發，乃如斯文味益深矣。」，即承《詩式》之文而來，又皎然於詩六義嘗有論述，《文鏡祕府論》地卷曾引載，至若其論比興則頗有價值，《文鏡祕府論》地卷引其文云：「三曰比，比者全取外象以興之，西北有浮雲類是也。」又云：「四曰興，興者立象於前，後以人事喻之，關雎之類是也。」，唐以後之詩論，引《詩式》者比比皆是，其中「文外之旨」說，實已啓司空圖、嚴羽、王士禎等神韻詩派理論之先聲。

司空圖《詩品》影響後世更鉅，袁枚《續詩品》三十二則，乃仿《詩品》而成，其小序云：「余愛司空表聖詩品，而惜其只標妙境，未寫苦心，爲若干首續之。……」，由小序中語，很顯然看出袁枚作《續詩品》的心態。郭紹虞《詩品集解》錄有承襲表聖原意，以寫詩之風格者，首爲顧翰之《補詩品》一書，其序云：「余倣司空表聖作詩品二十四則，伯夔見而笑曰，此四言詩也，因掇而登之集中，以備一體。」，其模依之痕跡顯而易見。再如曾紀澤之《演司空表聖詩品二十四首》，由其書名即可知深受《詩品》一書之影響，其名目先後次序，皆依照《詩品》而來，祇不過改《詩品》的四言體爲七言律詩而已。總之；《詩品》所以獲得後世高度的評價，主要是因爲它是一部具有獨創性的著作，正如郭麐在《詞品》序中所云：「仿表聖詩品，爲之標舉風華，發明逸態。」，其「不著一字，盡得風流」之語，幾乎爲後代詩論必提討論的名句，下啓神韻派詩說的健將嚴羽許多以禪喻詩的觀念。嚴羽《滄浪詩話》〈詩辨〉曰：「夫詩有別材，非關書也；詩有別趣，非關理也。然非多讀書，多窮理，則不能極其至，所謂不涉理路，不落言筌者上也。詩者，吟詠情性也。盛唐諸人惟在興趣，羚羊掛角，無跡可求，故其妙處，透徹玲瓏，不可湊泊，如空中之音，相中之色，水中之月，鏡中之象，言有盡而意無窮。」，嚴羽之言，顯然深受司空圖之影響。至若袁枚之《續詩品》，力主「性靈說」，其實亦深受《詩品》之影響，如〈神悟〉一品曰：「鳥啼花落，皆與神通，人不能悟，付之飄風，惟我詩人，衆妙扶智，但見情性，不著文字。」，這豈不是「不著一字，盡得風流」之語的幻化而成？後來王士禎又稟嚴羽之論，採用胡應麟《詩藪》中的「神韻」二字，正式發揚了「神韻詩說」的理論，《詩品》實爲宗祖也。

《詩品》除影響詩論外，後代也有假其體，以詮文釋詞者，如馬榮祖《文頌》（註一）、許奉恩《文品》（註二）、魏謙升《賦品》（註三）、郭麐《詞品》（註四）等，明、清仿其體而作之詩、賦、文論，何下數十種之多，當年司空圖因禪釋詩，寄文字於花鳥風物，短短一千一百五十二字的《詩品》，居然影響後世詩文論甚鉅，這恐怕是我們這位一意逃居山林的隱士所始料未及的吧。

【附註】

註一　馬榮祖《文頌》乃是以頌贊文章之體式、風格及其原理、作用等，分上、下二等，各等又分四十八則，楊復吉識曰：「唐司空氏有詩品，近隨園先生又有續詩品，其于風騷旨格，備舉無遺，獨品文者尚少其人，亦藝林缺典也。今得文頌，可謂難並美具矣。作者爲壬子孝廉，以古文鳴江左，詞科掌錄亦稱，其爲文清遒深亮云。」，由其分等及楊氏之言，顯然受《詩品》之影響。

註二　許奉恩《文品》，分爲三十六則，乃品評文章之風格，中有高渾、雄勁、精練、恬雅、流動各條，吳忠華《司空圖詩品研究》碩士論文頁一五六即曰：「顯然承襲表聖詩品著作原意。」

註三　魏謙升《賦品》，以二十四則品賦，其自序云：「自司空表聖作詩品，仿而爲之者，詞品畫品各有其人，而於賦缺焉，余惟彥和詮賦大暢宗風，樂天賦賦別裁僞體，以四始之流派，爲六義之附庸，雖恥壯夫，實非小道，因於消寒之暇，傚爲成韻之辭，別系於三百五篇，循格爲二十四則。……」，其仿《詩品》之體制，殆無疑義。

註四　郭麐《詞品》，評詞以十二品，其序云：「余少耽倚聲，爲之未暇工也，中年憂患交迫，廓落尠歡，間復以此陶寫，入之稍深，遂習玩百家，博涉衆趣，雖曰小道，居然非麤鄙可了，因弄墨餘閒，仿表聖詩品，爲之標舉風華，發明逸態，以其塗較隘，止得表聖之半，用以軒翥六義之後，奮蜚四聲之餘，亦猶賢乎博奕。」，由序之言，可證深受《詩品》之影響。

第四節　唐代重要畫論對後世之影響

唐代重要畫論，理應屬朱景玄《唐朝名畫錄》及張彥遠《歷代名畫記》兩部，《名畫錄》之優缺點，筆者已於本章第二節中論及，至其對後世之影響，除保存畫家史料外，其他影響實較《畫記》遜色太多。《畫記》之論評，前亦已述及，現僅就其對後世畫論之影響，略述如下：

《畫記》稟儒家思想，認爲畫有「成教化，助人倫」之功效（註一），迄北宋郭熙撰《林泉高致》，即深受其影響，其序云：「語曰：志於道、據於德，依於仁，游於藝，謂禮、樂、射、御、書、數、書畫之流也。……噫！先子少從道家之學，吐故納新，本游方外，家世無畫學，蓋天性得之，遂游藝於此以成名，然於潛德懿行孝友仁施爲深，則游焉息焉，此志子孫當曉之也。」，筆者曾細思其意，與《畫記》卷一敘畫之源流，口吻極爲類似（註二），其所謂「游於藝」之觀念，顯然爲儒家思想。另郭若虛撰《圖畫見聞志》，其敘論云：「……昔張彥遠嘗著歷代名畫記，其間自黃帝時，史皇而下，總括畫人姓名，絕筆於永昌元年，厥後撰集者率多相亂，事既重疊，文亦繁衍，今考諸傳記，參較得失，續自永昌元年，後歷五季通至本朝熙寧七年，名人藝士，編而次之。……」，由敘論之語，可知其受《畫記》影響之深，我們即使將其視爲《畫記》之續編，亦不爲過，因此余紹宋《書畫書錄解題》云：「按是書爲續張氏歷代名畫記而作，久有定評，信堪步武，書凡六卷，第一卷敘論十六篇，蓋仿張氏前三卷之作。……」，《圖畫見聞志》乃系出於《畫記》夫復何疑？

宋．韓拙撰《山水純全集》，其序云：「夫畫者，肇自伏羲氏畫卦象之後，以通天地之德，以類萬物之情，嗣于黃帝時，有史皇倉頡生焉，史皇狀魚龍龜鳥之跡，倉頡因而爲字，相繼更始而圖畫典籍萌矣。書本畫也，畫先而書次之。傳曰：『畫者成造化，助人倫，窮神變，測幽微，與六合同功，四時並運，法于天然，非由述作。其書畫同體而未分，故知文能序其事，不能載其狀，有書無以見其形，有畫不能見其言，存形莫善於畫，載言莫善於書，故知書畫異名，其揆一也。』……」（註三），觀其意全從《畫記》而來，尤其「傳曰」之語，即《畫記》卷一〈敘畫之源流〉開頭之語，其受《畫記》之影響，可謂昭如日月。

鄧椿撰《畫繼》，《四庫全書總目提要》卷一百十二曰：「其曰畫繼者，唐張彥遠作歷代名畫記，起軒轅迄唐會昌元年，宋郭若虛作圖畫見聞志，起會昌元年，止宋熙寧七年，椿作此書起熙寧七年，止乾道三年，用續二家之書，故曰繼也……」，由《四庫提要》之言，我們已不難窺知其受《畫記》影響之深。

宋代畫論篇幅最鉅者，當屬《宣和畫譜》一書，所載共二百三十一人，計畫作共六千三百九十六軸，分爲道釋、人物、宮室、番族、龍魚、山水、畜獸、花鳥、墨竹、蔬果共十門，其體例乃倣《畫記》卷四至卷十之作，即將畫家之生平等一一介紹，祇不過依畫家之所善分類爲十門，俟生平介紹完以後，再附其畫作之名於後而已，至其所引資料，凡《畫記》所有者，大都承襲而來，彷彿《漢書》引《史記》之模式，至於如《畫記》卷一及卷二綜論性之文，尚付之闕如，篇幅雖衆，缺少創見之功，其貢獻尚不抵《畫記》。

以上所舉宋代幾部最著名的畫論，幾乎每一部均受《畫記》之影響，非但如此，新、舊唐書及唐以後之著作，往往史料均取之於《畫記》之中，其貢獻卓著，實非等閒，俞劍華《中國畫論類編》曰：「是書能彙前代諸家之長而創一家之體，包羅宏富，眼光精審，中國有完備之畫史，自張氏始，誠不愧爲空前絕後之傑作。………」（註三），其語誠非虛論。

【附註】

註　一　《畫記》此種觀念隨處可見，如卷一引曹植之言曰：「觀畫者，見三皇、五帝，莫不仰戴；見三季異主，莫不悲惋；見篡臣賊嗣，莫不切齒；見高節妙士，莫不忘食；見忠臣死難，莫不抗節；見放臣逐子，莫不歎息；見淫夫妒婦，莫不側目；見令妃順后，莫不嘉貴，是知存乎鑒戒者圖畫也。」

註　二　《畫記》卷一〈敘畫之源流〉，其中提及之人物有黃帝、伏羲、倉頡、大舜、陸機、曹植等人，而郭熙於《林泉高致》序文中所提及之人物，僅有黃帝、伏羲、大舜三人，而完全與《畫記》相同，再如《畫記》所提及之書籍有〈挂圖〉及《周官》、《廣雅》、《爾雅》、《說文》、《釋名》諸書，而《林泉高致》亦提及〈挂圖〉及《爾雅》，變《周官》爲《周禮》而已，其序僅短短三百零四字，無論在語氣、資料方面，均如是雷同，顯然有承襲之跡。

註　三　俞劍華《中華畫論類編》上冊，頁四〇，華正書局出版。

結語

本文自收集資料始，歷五年有餘方底定完成，在這期中，雖俯案勞形，倒也身心暢快，蓋神交古人遠離塵囂故也，詩畫合論；必須兼具文學與藝術雙重的識見，以己之魯鈍本不該著手研究，所恃者幼習書法，弱冠復習國畫，後雖輟習國畫，但書法則從無間斷，以民國七十八、九兩年而論，即嵌名聯就作了一百六十餘首，誠如張彥遠所云：「書畫同體」，以習書近三十年的經驗，雖駑駟下才，亦必有相當心得，融技於道，想在詩、畫中找出一相同的脈絡，此爲撰作此論文的眞正動機。

著手尋找資料之後，發現問題重重，撇開版本、訛誤等問題不談，即時代的歸屬上就有疑難，如貫休爲唐末進入五代之人，《唐才子傳》認爲其爲唐人，而《宣和畫譜》卻認爲其爲五代之人，探研之時；究以生平爲歸屬之朝代，抑或以卒年爲歸屬之朝代，實頗有爭論，筆者斟酌再三，乃採卒年爲歸屬之朝代。再如引用資料標出頁碼一事，我國古書往往僅分卷，除近代付梓者外，頁碼經常付之闕如，復以本論文之第一章論及題畫詩及畫記等，皆一一自《全唐詩》、《全唐文》等集部中摘取，動則數十條之衆，若一一標出頁數，豈非虛佔篇幅？且我國古籍以卷計統，每卷字數及篇幅大致皆有定局，標出卷數，探索即頗爲容易，何勞卷數、頁數皆爲標出。

我國自古以來首重經學，次爲子學，至於藝術類之研究，乃視爲末道小技，因此關於詩論類之研究，尚有其人、論及畫論之研究，能就某一朝代或某一人物，作一系統、深入研究者，可謂尚無其人。本論文以張彥遠《歷代名畫記》爲研究主幹，與皎然《詩式》、司空圖《詩品》可謂鼎足而三，於是在資料的收集上極爲困難，每條引證均需兢兢業業而爲之，爲了片言隻字，往往遍尋數本乃至數十本典籍，其中甘苦，實難言喻，迄脫稿之日，都十四萬言，雖駑駟下才，所賴高師　仲華及呂師　凱二人，悉心指導，又賴內弟克濟，在美幫忙收集資料，千里迢迢，郵寄頻繁，對師之厚賜及弟之盛情，實永銘於心。

詩畫之關係，可謂首蒙於郭熙之言，但探討其相互關係之文論，乃是近年之事，所以在這領域中，尙有極大的空間可資探索，以後詩、畫論漸多，若能斷代鑽研，一一予以串連，將來對文學與藝術之闡釋，必有斐然可觀之成績，如本論文略有拋磚引玉之功，則余願足矣。

圖版一：丘文播〈文會圖〉（故宮名畫第二輯　十八）
圖版二：戴嶧〈逸牛圖〉（故宮名畫第一輯　五）
圖版三：李坡〈風竹圖〉（故宮名畫第一輯　十二）
圖版四：馬麟〈靜聽松風圖〉（故宮名畫第三輯　二四）
圖版五：閻立本〈職貢圖〉（故宮名畫第一輯　一～三）
圖版六：馬麟〈秉燭夜遊圖〉（故宮名畫第三輯　二五）
圖版七：范寬〈谿山行旅圖〉（故宮名畫第一輯　二七）
圖版八：顧安〈平安磐石圖〉（故宮名畫第五輯　四十）
圖版九：關仝〈山谿待渡圖〉（故宮名畫第一輯　十一）
圖版一〇：李迪〈風雨歸牧圖〉（故宮名畫第四輯　五）
圖版一一：宋人〈竹石雙鷺圖〉（故宮名畫第三輯　五十）
圖版一二：夏珪〈觀瀑圖〉（故宮名畫第三輯　二三）
圖版一三：馬遠〈月夜撥阮圖〉（故宮名畫第三輯　十七）

圖版一：丘文播〈文會圖〉

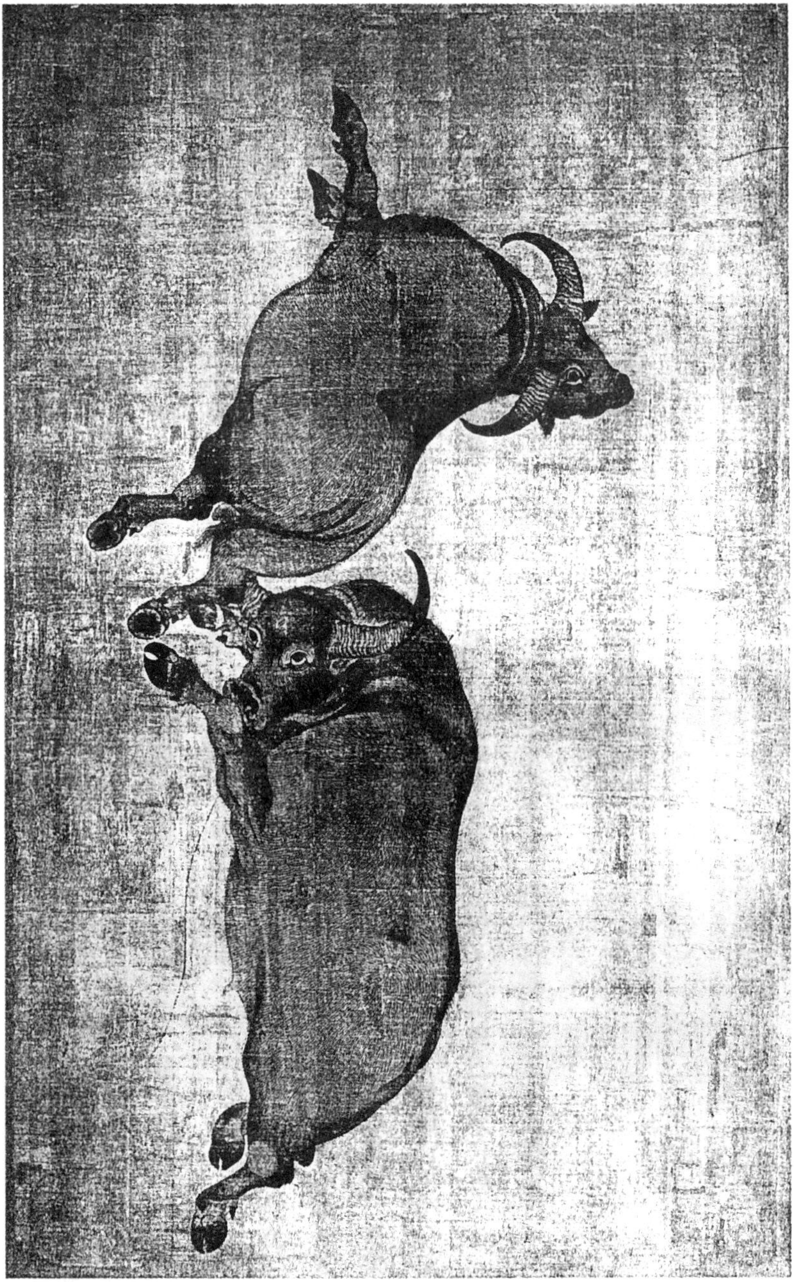

圖版二一：戴嶧〈逸牛圖〉

圖版三：李坡〈風竹圖〉

圖版四：馬麟〈靜聽松風圖〉

圖版五：閻立本〈職貢圖〉

1—(1)

1—(2)

圖版五：閻立本〈職貢圖〉

1—(3)

圖版六：馬麟〈秉燭夜遊圖〉

圖版七：范寬〈谿山行旅圖〉

圖版八：顧安〈平安磐石圖〉

圖版九：關仝〈山谿待渡圖〉

圖版一〇：李迪〈風雨歸牧圖〉

圖版一一：宋人〈竹石雙鷺圖〉

圖版一二一：夏珪〈觀瀑圖〉

圖版一三：馬遠〈月夜撥阮圖〉

主要參考書目

一、經史類

㈠十三經註疏　重刊宋本　藝文印書館　不著出版年月。
㈡戰國策　漢・劉向　里仁書局　民國七一年出版。
㈢漢書　漢・班固　清乾隆武英殿刊本景印　藝文印書館　不著出版年月。
㈣後漢書　劉宋・范曄　清乾隆武英殿刊本景印　藝文印書館　不著出版年月。
㈤晉書　唐・房玄齡等　清乾隆武英殿刊本景印　藝文印書館　不著出版年月。
㈥梁書　唐・姚思廉　清乾隆武英殿刊本景印　藝文印書館　不著出版年月。
㈦隋書　唐・魏徵等　清乾隆武英殿刊本景印　藝文印書館　不著出版年月。
㈧唐書　後晉・劉昫等　清乾隆武英殿刊本景印　藝文印書館　不著出版年月。
㈨新唐書　宋・歐陽脩等　清乾隆英殿刊本景印　藝文印書館　不著出版年月。
㈩通典　唐・杜佑　景印摛藻堂欽定四庫全書薈要第二二四至二二六冊。

(十一)史通　唐・劉知幾　中華書局　民國五九年出版。
(十二)通志　宋・鄭樵　上海商務印書館　民國二四年初版。
(十三)資治通鑑　宋・司馬光　中新書局　不著出版年月。
(十四)古今注　晉・崔豹　百部叢書集成三九四　畿輔叢書第四函。
(十五)大唐六典　唐・李林甫等　文海出版社　民國六三年四版。
(十六)貞觀政要　唐・吳兢　商務印書館　四部叢刊廣編第十二冊。
(十七)唐大詔令集　宋・宋敏求　鼎文書局　民國六七年再版。
(十八)冊府元龜　宋・王欽若等　中華書局　民國五六年再版。
(十九)登科記考　清・徐松　新文豐出版社　民國七七年出版。
(二十)二十二史箚記　清・趙翼　樂天出版社　民國六十年初版。
(二一)爾雅　傳周公所作　藝文印書館　民國五四年三版。
(二二)說文解字注　漢・許愼　清・段玉裁注　藝文印書館　民國五四年十版。

二、總集類

(一)昭明文選　梁・蕭統　藝文印書館　民國五六年五版。
(二)唐文粹　宋・姚鉉　世界書局　民國五一年出版。

㈢唐會要　宋・王溥　世界書局　民國七八年五版。
㈣全唐詩　清聖祖御編　文史哲出版社　民國六八年一版。
㈤全唐文　清仁宗敕撰　文海書局　民國六一年出版。
㈥古今圖書集成　清・陳夢雷　鼎文書局　不著出版年月。
㈦全唐文紀事　清・陳鴻墀　世界書局　民國七三年三版。
㈧歷代詩話　清・何文煥　漢京文化出版社　民國七二年初版。
㈨全上古三代秦漢三國六朝文　清・嚴可均　世界書局　不著出版年月。
㈩四庫全書薈要　景印摛藻堂本　世界書局　不著出版年月。
(十一)合印四庫全書總目提要及未收書目禁燬書目　清・紀昀等　商務印書館　不著出版年月。
(十二)歷代詩話續篇　清・丁福保　木鐸出版社　民國七二年初版。
(十三)御定歷代題畫詩類　四庫全書珍本六集。
(十四)美術叢書　廣文書局　不著出版年月。
(十五)畫史叢書　于安瀾　文史哲出版社　民國七二年出版。
(十六)中國畫論類編　俞崑　華正書局　民國七三年初版。
(十七)中國美學史資料選編　王進祥　漢京文化事業有限公司　民國七二年出版。
(十八)中華藝林叢論　沈尹默等　文馨出版社　民國六五年初版。

(十九)中國文學研究叢編　錢鍾書等　香港龍門書店　一九六九年出版。
(二十)中國學術名著今釋今註　西南書局編輯部　民國六一年出版。
(二十一)中國畫論輯要　周積寅編　江蘇美術社　一九八五年出版。
(二十二)故宮名畫二十冊　故宮博物院出版　民國五五年初版。

三、別集類

(一)老子道德經　老子　華正書局　民國七十年初版。
(二)莊子集釋　莊子　清・郭慶藩釋　漢京文化出版社　民國七二年初版。
(三)李太白全集　唐・李白　九思出版社　民國六八年出版。
(四)杜詩鏡銓　唐・杜甫　清・楊倫輯　里仁書局　民國七十年出版。
(五)韓昌黎文　唐・韓愈　廣文書局　不著出版年月。
(六)白氏長慶集　唐・白居易　景印文淵閣四庫全書第一〇八〇冊。
(七)司空表聖文集　唐・司空圖　四部叢刊本　商務印書館。
(八)司空表聖文集　唐・司空圖　四部叢刊本　商務印書館。
(九)蘇軾詩集　宋・蘇軾　王文誥、馮應榴輯注　學海書局　民國七二年出版。
(十)蘇東坡全集　宋・蘇軾　國學基本叢書　新興書局　民國四四年出版。

(十一)伊川擊壤集　宋・邵雍　商務印書館　大本原式精印四部叢刊正編第四三冊。
(十二)白石道人詩集　宋・姜夔　景印文淵閣四庫全書第一一七五冊。
(十三)柯山集　宋・張耒　景印文淵閣四庫全書第一一一五冊。
(十四)宗伯集　宋・孔武仲　新文豐書局　叢書集成續編　民國七七年出版。
(十五)石屏詩集　宋・戴復古　景印文淵閣四庫全書第一一六五冊。
(十六)畫墁錄　宋・張舜民　景印文淵閣四庫全書第一〇三七冊。
(十七)元遺山詩集　金・元好問　廣文書局　民國六二年初版。
(十八)容台集　明・董其昌　中央圖書館影印本　民國五七年初版。
(十九)焦氏澹園集　明・焦竑　偉文書局　民國六六年出版。
(二十)高明文輯　高仲華　黎明文化事業公司　民國六七年初版。

四、詩文評類

(一)詩品　梁・鍾嶸　國學基本叢書第一七五冊。
(二)文心雕龍　南齊・劉勰　里仁書局　民國七三年出版。
(三)詩式　唐・釋皎然　新文豐公司編輯部　叢書集成新編第八十冊。
(四)詩品新注、司空詩品　梁・鍾嶸　唐・司空圖　世界書局　民國四五年初版。

(五)河嶽英靈集　唐・殷璠　香港中華書局　民國四七年出版。
(六)中興間氣集　唐・高仲武　香港中華書局　民國四七年出版。
(七)滄浪詩話　宋・嚴羽　廣文書局　民國六一年出版。
(八)詩人玉屑　宋・魏慶之　九思出版社　民國六七年出版。
(九)苕溪漁隱叢話　宋・胡仔　世界書局　民國五十年出版。
(十)詩藪外編　明・胡應麟　廣文書局　民國六二年出版。
(十一)藝概　清・劉熙載　華正書局　民國七四年出版。
(十二)隨園詩話　清・袁枚　廣文書局　民國六七年出版。
(十三)石洲詩話　清・翁方綱　藝文百部叢書集成粵雅堂叢書本。
(十四)帶經堂詩話　清・王士禎　清・張宗柟編　廣文書局　民國六十年初版。
(十五)人間詞話　王國維　開明書店　民國四四初版。
(十六)中國詩的神韻、格調及性靈說　郭紹虞　華正書局　民國六四年出版。
(十七)詩與畫的界限　朱光潛譯　蒲公英出版社　民國七五年初版。
(十八)隋唐文學批評史　羅根澤　商務印書館　民國六一年四版。
(十九)中國文學批評史　郭紹虞　明倫出版社　民國六十年出版。
(二十)詩之作法與研究　湯木安　正中書局　民國五四年二版。

(二一)文學概論　王夢鷗　藝文書局　民國七一年二版。

(二二)中國詩學　劉若愚撰　林國清譯　幼獅文化圖書公司　民國六六年初版。

(二三)初唐詩學著述考　王夢鷗　商務印書館　民國六六年初版。

(二四)中國詩學　黃永武　巨流圖書公司　民國六五年二版。

(二五)詩與美　黃永武　洪範書店　民國七三年出版。

(二六)詩與畫　戴麗珠　聯經出版社　民國六七年初版。

(二七)嚴羽及其詩論之研究　黃景進　文史哲出版社　民國七五年出版。

五、畫論類

(一)古畫品錄　南齊・謝赫　美術叢書本　廣文書局　不著出版年月。

(二)續畫品　陳・姚最　美術叢書本　廣文書局　不著出版年月。

(三)後畫錄　唐・彥悰　美術叢書本　廣文書局　不著出版年月。

(四)貞觀公私畫史　唐・裴孝源　美術叢書本　廣文書局　不著出版年月。

(五)續畫品錄　唐・李嗣眞　美術叢書本　廣文書局　不著出版年月。

(六)唐朝名畫錄　唐、朱景玄　美術叢書本　廣文書局　不著出版年月。

(七)歷代名畫記　唐、張彥遠　畫史叢書第一冊　文史哲出版社　民國六三年出版。

(八)林泉高致　五代・郭熙　美術叢書本　廣文書局　不著出版年月。
(九)筆法紀　五代・荊浩　美術叢書本　廣文書局　不著出版年月。
(十)益州名畫錄　宋・黃休復　新文豐公司編輯部叢書集成新編第五三冊。
(土)出水純全集　宋・韓拙　美術叢書本　廣文書局　不著出版年月。
(兰)圖畫見聞志　宋・郭若虛　廣文書局　民國六二年初版。
(兰)畫繼　宋・鄧椿　中國資料研究社編　畫史叢書第一冊。
(酉)畫史　宋・米芾　美術叢書本　廣文書局　不著出版年月。
(圭)宣和畫譜　作者不詳　商務印書館　民國七一年二版。
(共)畫論　元・湯垕　美術叢書本　廣文書局　不著出版年月。
(花)畫眼　明・董其昌　美術叢書本　廣文書局　不著出版年月。
(大)珊瑚網畫繼　明・汪珂玉　美術叢書本　廣文書局　不著出版年月。
(丸)四友齋畫論　明・何良俊　美術叢書本　廣文書局　不著出版年月。
(〒)畫說　明・莫士龍　美術叢書本　廣文書局　不著出版年月。
(三)畫苑　明・王世貞　明重刻王氏畫苑本。
(三)繪事微言　明・唐志契　商務印書館編四庫全書珍本初集第一八四冊。
(三)畫品　明・楊愼　叢書集成初編第一六五〇冊。

(廿四)畫引　明・顧凝遠　美術叢書本　廣文書局　不著出版年月。

(廿五)畫禪室隨筆　明・董其昌　廣文書局　民國六六年出版。

(廿六)畫筌　清・笪重光　美術叢書本　廣文書局　不著出版年月。

(廿七)東莊論畫　清・王昱　美術叢書本　廣文書局　不著出版年月。

(廿八)繪事發凡　清・唐岱　美術叢書本　廣文書局　不著出版年月。

(廿九)谿山臥遊錄　清・盛大士　美術叢書本　廣文書局　不著出版年月。

(卅)佩文齋書畫譜　清・孫岳頒等　台北洪浩培印行　據內府本影印。

(卅一)南宋院畫錄　清・厲鶚　美術叢書本　廣文書局　不著出版年月。

(卅二)小山畫譜　清・鄒一桂　美術叢書本　廣文書局　不著出版年月。

(卅三)山靜居畫論　青・方薰　美術叢書本　廣文書局　不著出版年月。

(卅四)艸心樓讀畫集　清・黃崇惺　美術叢書本　廣文書局　不著出版年月。

(卅五)畫譜　清・石濤　華正書局　民國六三年出版。

(卅六)中國繪畫理論　傅抱石　里仁書局　民國七四年出版。

(卅七)李可染畫論　李可染　丹青圖書公司　民國七四年一版。

(卅八)潘天壽談藝錄　潘天壽　丹青圖書公司　民國七六年台一版。

(卅九)書畫書錄解題　余紹宋　中華書局　民國五七年出版。

(卌)中國畫學全史　鄭昶　中華書局　民國五五年二版。
(四一)中國繪畫史　俞劍方　商務印書館　民國五九年四版。
(四二)中國畫研究　陳兆復　丹青圖書公司　民國七五年一版。
(四三)水墨畫　謝稚柳　華正書局　民國七四年初版。
(四四)國畫研究　俞劍華　商務印書館　不著出版年月。
(四五)中西繪畫構圖的比較研究　袁金塔　設計家文化出版事業有限公司　民國七一年再版。
(四六)中國畫史研究論集　李霖燦　商務印書館　民國五九年出版。
(四七)中國繪畫史　日・鈴木敬　國立故宮博物院　民國七六年初版。

六、其他有關著述類

(一)論衡　漢・王充　中華書局　民國六五年台三版。
(二)世說新語　劉宋・劉義慶　世界書局　民國四六年出版。
(三)廣弘明集　唐・釋道宣　日本中文出版社　一九七八年出版。
(四)續高僧傳　唐・釋道宣　正藏經第五七冊　新文豐出版公司　不著出版年月。
(五)五燈會元　宋・釋普濟　廣文書局　民國六十年初版。
(六)碧雞漫志　宋・王灼　新文豐出版公司　叢書集成新編第八一冊。

(七)山谷題跋　宋・黃庭堅　新文豐出版公司　叢書集成新編第五〇冊。
(八)癸辛雜識　宋・周密　新文豐公司編輯部　叢書集成新編第八四冊。
(九)隋唐嘉話　宋・劉餗　新文豐公司編輯部　叢書集成新編第八三冊。
(十)鶴林玉露　宋・羅大經　商務印書館　叢書集成初編第二八七三至二八七六冊。
(土)唐詩記事　宋・計有功　上海中華書局　一九六五年出版。
(圭)唐才子傳　元・辛文房　世界書局　民國四九年初版。
(圭)唐音癸籤　明・胡震亨　世界書局　景印文淵閣四庫全書第一四八二冊。
(茜)弇山堂別集　明・王世貞　學生書局　民國五四年出版。
(圭)日知錄　明・顧炎武　上海商務印書館　民國二二年出版。
(夫)中國文學發達史　劉大杰　中華書局　民國五六年出版。
(宅)論美與美感　朱光潛　東美出版社　民國七二年出版。
(大)文藝心理學　朱光潛　開明書店　民國七四年重十七版。
(丸)新編談藝錄　錢鍾書　上海中華書局　民國七一年重印。
(千)藝術概論　虞君質　大中國圖書公司　民國五七年出版。
(三)唐史研究叢稿　嚴耕望　香港新亞研究所　一九五八年出版。
(三)古書畫僞訛考辨　徐邦達　江蘇古籍出版社　一九八四年出版。

(23)中國近世文化史　陳安仁　新安書局　民國六二年出版。
(24)中國藝術精神　徐復觀　學生書局　民國七七年出版。
(25)全國唐詩討論會論文選　劉建國等　陝西人民出版社　一九八四年初版。
(26)古典詩詞藝術探幽　艾治平　木鐸出版社　民國七六年初版。
(27)詩文鑑賞方法二十講　周振甫等　木鐸出版社　民國七六年初版。
(28)中國美術東漸散論　李欽賢　商務印書館　民國七三年初版。
(29)新中國的考古發現和研究　北京文物出版社　一九八四年初版。
(30)司空圖新論　王潤華　東大圖書公司　民國七八年初版。
(31)皎然詩式研究　許清雲　文史哲出版社　民國七七年初版。
(32)禪與老莊　吳怡　三民書局　民國七四年五版。
(33)先秦美學史　李澤厚・劉綱紀　金楓出版有限公司　一九八七年初版。
(34)先秦至宋繪畫美學　郭因　金楓出版有限公司　一九八七年初版。
(35)中國山水詩研究　王國瓔　聯經出版社　民國七五年初版。
(36)中國古代文藝美學範疇　曾祖蔭　文津出版社　民國七六年出版。
(37)中國畫論研究　伍蠡甫　北京大學出版社　一九八三年出版。
(38)五代北宋繪畫　高木森　文史哲出版社　民國七一年初版。

七、論文、期刊類

㈠唐代蕃胡生活及其對文化之影響　謝海平　國立政治大學中文研究所博士論文　民國六四年。
㈡唐詩演變之研究——唐詩近代化特質形成初探　高大鵬　國立政治大學中文研究所博士論文　民國七四年。
㈢唐人論唐詩　陳坤祥　私立文化大學研究所博士論文　民國七五年。
㈣唐代文人的園林生活　侯迺慧　國立政治大學中文研究所博士論文　民國七九年。
㈤明代詩社之研究　黃志民　國立政治大學中文研究所碩士論文　民國六一年。
㈥司空圖詩品研究　蕭水順　國立師範大學國文研究所碩士論文　民國六一年。
㈦皎然詩式之研究　鍾慧玲　國立政治大學中文研究所碩士論文　民國六四年。
㈧論題跋　許海欽　私立文化大學藝術研究所碩士論文　民國六七年。
㈨唐人隱逸風氣及其影響　劉翔飛　國立台灣大學中文研究所碩士論文　民國六七年。
㈩明人詩畫合論之研究　鄭文惠　國立政治大學中文研究所碩士論文　民國七七年。
⑾中國畫題跋之研究　虞君質　故宮季刊一卷二期　民國五五年十月。
⑿中國藝術之抽象觀念化　王夢鷗　文藝復興月刊第二九期　民國六一年五月。
⒀從馬麟的靜聽松風談起　李霖燦　故宮文物月刊第六期　民國七二年九月。

(十四)詩與畫——中國繪畫之特殊藝術形式　林莉娜　故宮文物月刊第六六期　民國七七年九月。
(十五)書與畫　江兆申　故宮文物月刊第一期　民國七二年四月。
(十六)談書法的神韻　侯愷如　書畫月刊第二卷第六期　民國五七年元月。
(十七)吳昌碩傳　王家誠　故宮文物月刊第四期　民國七二年七月。
(十八)論詩中有畫、畫中有詩之遠近因及其三種界義(一)、(二)、(三)　李漢偉　故宮文物月刊第七九期至八一期　民國七八年十月至十二月。
(十九)醉書、醉畫　王耀庭　故宮文物月刊第七六期　民國七八年七月。
(廿)中國文學的風格論　高仲華　中央研究院第二屆國際漢學會議論文集　民國七八年六月。
(廿一)楷書的結構美　曹愉生　漢學論文集第二期　民國七二年十二月。
(廿二)由顏魯公書法談及楷書的臨摹　曹愉生　孔孟月刊二三卷六期　民國七四年二月。

八、英文書籍

1. The Gay Genius　Lin Yutang
The John Day Company, New York, 1947.
2. The Way of Chinese Painting　Mai-mai Sze
Bookcave Store, Taipei, 1978.

3. Theories of the Arts in China Susan Bush and Christian Murck
Princeton University, 1978.
4. Leonardo da Vinci Jack Wasserman New York, 1975.
5. Studies in Chinese Art Cheng Te-Kun
The Chinese University of Hong Kong, 1983.
6. Chinese Theories of Literature James. J. Y. Liu
Taipei, Taiwan, 1976.
7. Principles of Chinese Painting George Rowley
Princeton University Press, Princeton, New Jersey, 1974.